紀念

恩師　張繼豪先生

張繼豪中醫師遺照

學點中醫真好

房拾雲 著

文史哲出版社印行

國家圖書館出版品預行編目資料

學點中醫真好 / 房拾雲著. -- 初版 --臺北市：
文史哲, 民 103.06
頁；公分
參考書目：頁
ISBN 978-986-314-190-7（平裝）

1.中醫

413　　103011982

學點中醫眞好

著　者：房　拾　雲
出版者：文　史　哲　出　版　社
http:// www.lapen.com.tw
e-mail：lapen@ms74.hinet.net
登記證字號：行政院新聞局版臺業字五三三七號
發行人：彭　正　雄
發行所：文　史　哲　出　版　社
印刷者：文　史　哲　出　版　社
臺北市羅斯福路一段七十二巷四號
郵政劃撥帳號：一六一八〇一七五
電話886-2-23511028・傳真886-2-23965656
實價新臺幣二八〇元
中華民國一〇三年（2014）六月初版

ISBN 978-986-314-190-7　　41105

自序

早年在香港珠海書院讀書的時候，教我們文心雕龍的教授王韶生先生有一天感嘆地說：「滿地故紙堆，都是東抄西撿，難得有點真東西。」我一直記著教授所講的這番話。

我跟師父學習中醫至今將近四十年，師父叫我邊學邊做，曾經遇到過一些特殊的病例，一招半式闖江湖，瞎貓碰見死老鼠，也治癒了幾個疑難雜症。做人嗎，都有一點發表欲，很想把這點東西集結成冊，寫本小書，出點風頭，但是想到當年王教授所講的「滿地故紙堆」，就數度打消了這個念頭。

這兩天電視新聞報導，美國有許多影藝界的名人得了牛皮癬，難以治療，始終無法根治，使人深受其苦。粗看電視上所顯現的畫面，那不是什麼牛皮癬，而是喝酒吃海鮮中毒，身上起了片狀紅雲色塊，或是濕熱鬱鬱於肌表，皮膚生起白白粒狀叫白疹，起碼是兩種以上不同的病症，皮膚病的症狀很多，是不能一概而論的！

醫病要找原因，追查病根，對症下藥，才能藥到病除。我曾經醫好過這其中的病例，看了新聞報導後，又升起動筆的念頭，但是內心卻起伏掙扎不已，又想到當年自己就是因病而學醫，深知病家的痛苦，也曾急病亂投醫，亦花費不少冤枉錢。行醫三十年，到今天為止，我一向是分文不取，以後患者成了朋友，再來找我，買點水送我，當然我是欣然接受的。

事實上，我行醫最大的快樂就是人家醫不好的病，我勇於接受挑戰，希望把他醫好，如果成功，那份成就感是比金錢更加可貴的！如果無能為力醫治的病，也會立即告訴病家，趕快到大醫院做檢查，或是另請高明的醫生，絕不會耽誤病人的病情，這就是起碼的醫德。

如今我決心提筆，把這些年頭治療一些特殊病例發表出來，讓一般讀者當作茶餘飯後閒情的消遣，如果是正在學習中醫的朋友，大家當作參考，撮取少許的經驗，也是不錯的。中醫博大精深，五千年的文化，養出十億龐大的人民，這個就是奇蹟。

當今環境汙染，藥物氾濫，雜病叢生，若能學點中醫，既省錢省時，又能緩解疼痛，更不會被誤診，起碼死也要死得明白一些，不是嗎？

是為序。

中華民國一〇三年元月三日

見山老人筆於拾雲樓下。

學點中醫眞好

目 次

9 圖 片

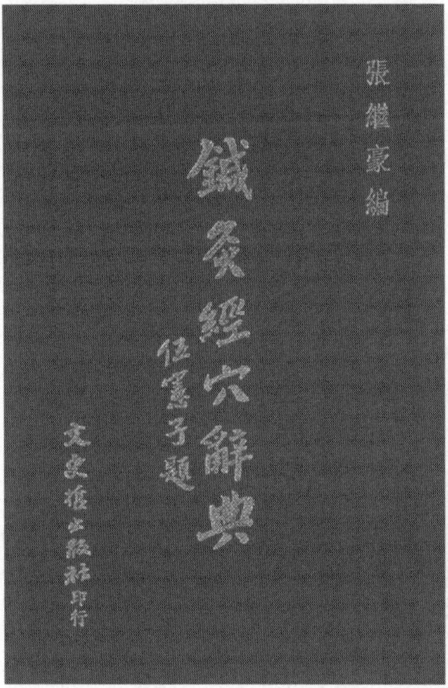

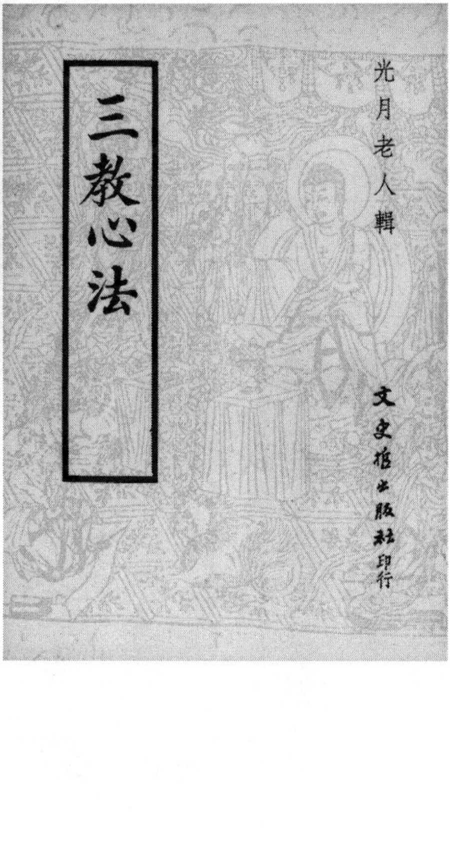

恭賀新禧
針灸專家
張繼豪鞠躬
地址：九龍城侯王道二一四號
聯福大樓二樓前座
電話：三—八三七七〇八

（李兄將近二月未來甚念不知是否有故特告）

維民賢弟：：

連接二音，長知寄來二包大可補身，均已收到勿念：：

關於來音云有朋友需要針灸電針器一台，已探幾家採購，但係大的靜電針灸器，中形亦少有，最小形須待下期運到（大概在十月份）可買到。另外再向其他地方尋找，若能找到，定當買妥，有便人帶來不誤。

又玫瑰花種子，已托元朗花農謀求上好為宜，種苗亦托找尋中，若無人帶來，我來時帶來不誤，勿念，定可找到的。

關您考試中醫事，非常高幸，有關中醫學識，祇要多看醫學書本，明白醫藥常識，實事研究和經驗，定可功成，有用於社會國家，俗言秀才行醫，籠內捉雞，就是說容易完成，但實有其成的良當醫師，但考試雖有証明，而行医上

能否實用社會國家，那又當別論，我以為求實驗
中去進步，對醫及藥有了認識，再進步推研中，有
二三年時間，在病患中求診者，它有可觀的信實，
私宜待，更使總研究醫藥的信心，精益求精，達成
天醫正照，天意合一，醫藥合一，神鬼助護，醫道
德成，濟世活人，如是道全，繼往啟後，其莫大矣！
又現正托友人申請入境証中，一待批下，當可返
即刻赴祖國，或能趕上國慶紀念，更那榮幸
參加一等地，特此草上，祝您
身体健康
敬候　　愚弟　張緒[illegible]　啟
令尊堂大人福安
七一，八，廿一

維平弟：數次來信，均已收到，但以道務忙碌，而醫診事不能拋丟，因為負擔要用，如是就重背輕，對不起您們，望左自己，沒去以責怪，鍾清森先生會員（証）已經送公會，須待開會決定之後，方能發出，大概我來時可帶到，勿念，

關於一位長者，聲帶有息肉，台灣醫術技能定可安全割除，絕無危險，變成啞聲。（手術至上）再對鼻癌症，是可藥除去，亦得內服半年，方可除痕跡之效完全，

對中四經須詳加熟習，而在人身經驗，精微研究熟練應用，重新整理，可獲天醫正照之机

天人合一，醫藥合一，將來留後世而無一言一行，非人之善，是為醫藥之宗，為今三陽開泰、人傑地靈，開未來九經之一支，是須競取，那能不戰戰競競乎？

吾希好努力在內聖外王功夫上，勤力求進步，獲天人合一，對醫經定能收益之大，救己救人救世，為急務，著釋編撰，亦非艱難，須時無盛矣！

最後請代為　致候各　通親至好幸福健康，

特此提筆致覆，見宥，，祝候

身體健康

令高堂大人福安

愚弟
張維霖　啓

七四年九月初九日晚

半身起紅塊的女孩

黃小姐是道場裡的道親，先生開出版社，有天早上她到店裡去看看，發現小妹沒來上班，同事告知：「小妹生病住進了某大教學醫院」。

黃小姐下午去醫院，看到小妹的臉部和上半身起了片片的紅塊，一問之下，才知道已經住院十多天了，醫院找不到病原，還在繼續觀察。

黃小姐當下決定叫陳小妹向醫院請假，並電話通知我，略告病情，然後將其帶來請我幫忙看看。我聽了黃小姐的敘述後，心中已經有了一點譜，隨即在家中檢視醫書，準備患者大駕光臨。

黃小姐一進門，我劈頭就對著小妹說：「陳小妹，我不認識妳，是黃阿姨帶妳來的，我問妳的話，妳要老實講，如果不講實話，我是不會幫妳看病的」，陳小妹點點頭。我繼續說：「妳喜歡喝酒，對不對？」小妹兩眼瞪著我沒有回答，我緊跟著逼問：「是不是？講實話」，小妹勉強點點頭。

我說：「妳知道妳是怎樣得這個病的嗎？」她委屈的說：「上個月初週末，在淡水吃海鮮，飯後感到身體不適，就到藥房買點成藥，吃了之後以為可以沒事，沒想到第二天就變成這樣，是藥房給我抓錯了藥的」。

我瞪著小妹說：「妳胡說八道，自己吃錯了東西，還怪別人」。黃小姐站在一旁滿臉的疑惑。我接著說：「中藥有所謂炮製：酒炒使藥性上升，醋炒使藥性下行，土炒能使藥性平和，蜜炙能使藥性轉強進補。妳上半身起紅塊，下半身卻沒有，分明就是喝酒吃海鮮中毒，知不知道，不要老是去錯怪別人的不是！」

一個高職到商場見習的女生，居然喜歡喝酒，若不是診病，連我自己都不敢相信，既然已經搞清楚病因，用藥就沒有太大的問題，藥方如下：

生地一兩、當歸五錢、白芍五錢、玄參一兩、麥冬一兩、葛花二錢、

天花粉二錢、升麻一錢、甘草二錢，六付煎服

方中葛花解酒，玄參退浮游之火，麥冬清心潤燥，天花粉生津止渴，四物湯的生地、當歸、白芍涼血補血揉肝，用點升麻使藥能上行，加點甘草解毒而已。

小妹辦理出院回家，早晚飯前服藥，第四天早上，其父看見大喜，告知小妹說：「妹，妳臉上的斑消了」，小妹立刻去照鏡子，驚喜不已。我叮囑過小妹必將六帖藥全數吃完，她得了教訓，這回蠻聽話的，吃完六帖藥後身體痊癒。

三個月後，黃小姐帶小妹來道場求道，當面向我致謝。

請別輕忽小小的感冒

葉小姐是辦公室樓上其他單位的同事，她聽說我會看病，自己跑來找我，據其自述：「每次月事一來就感冒，月事完了，感冒也就好了，已經好幾年了，一直醫不好，也搞不清楚是什麼原因」。

我告訴她說：「這是小病，沒有甚麼大不了，只是數年前的感冒，恰逢月事來臨，以為感冒是小事，沒有去理它，月事過後感冒大部分的病熱隨經血而去，而病根隱伏起來，其實感冒沒好，寒邪趁月事之虛，盤踞在胞宮，中醫有個名詞叫「熱入血室」就是指它。我繼續說：「你的病輕，才屢犯感冒，如果病重是會發狂的」，我不知道她能否聽懂。

葉小姐說：「是不是要等下次月事來時好好地治療感冒？」我說：「不必，現在開藥給妳，吃完六帖藥，下次月事來時，感冒就不見了」，她有點半信半疑，拿了藥單走了！藥方如下：

熟地一兩、當歸五錢、川芎三錢、白芍五錢、白朮五錢、丹皮三錢、玄胡索一錢、甘草一錢，六付煎服

方中四物以滋脾腎，柴胡丹皮能去肝鬱，白朮玄胡索利腰臍之氣，入表裏通經絡，自然得宜。

一個月後，葉小姐帶她的老公到辦公室來找我，說先生身體不適，也請幫忙看看。據李先生自述，他全身感到難過，不知道是什麼原因？李先生是遠洋商船上的大副，長年航行海上，一年才回家一次，這次得空前來，想把身體好好的調養一下。他不多言，我也不再多問，遂幫他把脈，然後告訴他說：「你感冒了」。他沒有回話，我開了「加味川芎茶調散」，藥方如下：

人參一錢、黃芪一兩、熟地五錢、當歸四錢、柴胡三錢、升麻三錢、

荊芥三錢、防風一錢、細辛一錢、薄荷四錢、白芷一錢、川芎三錢、羌活二錢、甘草二錢，六付煎服

川芎茶調散本為醫治頭疼的要藥，血虛加熟地當歸，氣虛加人參黃芪，以加藥為君，方中荊芥防風兩味藥無論寒熱風邪均治，再加柴胡升麻，使藥能上下運轉周流全身，值得玩味的是，升麻左升、柴胡右下，尤其升麻這味藥，用的越輕而升得越高，這是師傅教我的。

兩周之後的早晨，就在辦公室前面的大馬路口，路上人車來往，李先生遠遠看到我就深深的一鞠躬，我立刻前去抱住他說：「別這樣，不好意思」。李先生隨後告訴我說：「當初你說我是感冒，我根本不信，老婆把藥煎好，我不得不喝，免得使她生氣，如今六帖藥服完後，自覺八年來身體從未像這樣舒服過」。我聽了之後，真為他感到高興。

請各位記住一句話，感冒不是病，感冒的病變要人命。

親嚐第一次勝利的滋味

有幾位朋友很羨慕地對我說：「你學中醫，你太太學護理，你們家是中西合璧」，我搖頭說：「我們家是中西大戰，她有她的理念，我有我的執著」。

早在結婚之初，有人到家裡來找我看病，吾妻曾警告我說：「你沒有國家醫師執照，是密醫，出了事情，你會害了全家」！我當時沒有理會，原因我是為人民服務，既不做廣告，也沒有收取金錢，更不會延誤病患的病情，是人家來找我，我怕個甚麼？捫心自問，我所對抗的是這個利慾薰心的時代，雖不能作為中流砥柱，起碼也能是個墊腳石吧！只恨自己醫道太淺，不能伸出援手，撫慰許多病患無望的眼神！為了家庭和諧，我都退讓一步，這並不是顯得懦弱，因為老子道德經上說：「上善若水」，清者自清，濁者自濁，直到兩年之後……。

我小女兒出世才一個月，早晨起來，即見其兩個鼻孔塞滿鼻屎，把它挖出來，還有點像橡皮筋一樣有彈性。老婆抱著小女兒到服務的教學醫院，從小兒科的主治醫師、主任，又找到耳鼻喉科的主治醫師、主任，看了兩個禮拜，情況都沒有改善。我都悶不著聲，這下她急了，終於開口說：「你都不管的！」，我說：「我管就要吃中藥，這麼小的孩子就餵中藥，妳一定會說：『會把小孩嗆到！』」，話雖這麼說，我隨即開始翻查醫書，承蒙上天厚愛，不久就找到相關資料，開方如下：

人參一錢、白朮四錢、茯苓四錢、薏仁四錢、天花粉一錢、乾薑五分、陳皮五分、砂仁兩粒，兩付煎服

當晚抓藥，隨即煎成小半碗，我抱著孩子，用個小湯匙，一滴一滴的這樣餵下，直到把藥餵完，第二天早晨起床，孩子兩個鼻孔清空如也，我默不出聲，再把第二道藥餵完。

許多人認為中醫的藥性緩慢，只能醫慢性病，其實不然，藥若對症，一服見效，病患立刻舒暢開懷。

我的鄰居艾小姐，有天早上打電話來說：「房伯伯，我的兒子在保母家不吃不喝，也不說話，就呆呆的坐在那裡，你可不可以過去幫忙看看？」，我答應說：「好的」。艾小姐他們有家庭醫師看診，以往是不會來找我的，今天打電話來，必定是有了疑難雜症，無法解決。我到保母家，看見小朋友直直地坐在小板凳上，動也不動，口唇都起了白白的泡泡，叫他張口，舌上也是白白的泡泡，保母告訴我說：「家庭醫師不敢再下藥了，說是『再觀察看看』」。

我立即想起師父再三告誡我的話：「小兒之病，把脾胃顧好，百分之八十以上的病都沒有問題」。眼前所見，就是胃火過旺，用消炎之藥未能降火，反而使人困憊至極，即內經所謂「壯火食氣」，書上寫到：「小火宜瀉，壯火宜補」，如果只退火而不補胃，就直接傷了胃氣，造成小兒不吃不喝不言不語不玩不動。我對保母說：「這不要緊，我現在開方，九點鐘藥房開門，妳立刻去抓藥，煎好後立刻給孩子餵下，下午三點，再餵食第二道藥。藥方如下：

人參三分、白朮一錢、茯苓三錢、陳皮二分、麥冬二錢、玄參二錢、黃芩三分、桔梗一錢、神曲五分、蘇葉三分、枳殼三分，四付煎服

此方補胃而散火，方中解火之味，用於補胃於內，引火自歸，土健而火藏，故能治病。

艾小姐晚上下班來接小孩回家，見到兒子與同伴玩耍，狂追著別家的小孩在跑！

咳嗽咳不停

黃先生是我的長官，之前他在左手臂不能高舉，是我用針灸把他治好的，之後他的外孫女咳嗽，一直未能治好，約我夜晚到他家裡去看診。我前往天母其住所，剛進門就見著他女兒正在用奶瓶餵食嬰兒奶水，牛奶喝了一半，瓶壁卻留著厚厚奶垢的痕跡，心裏就瞭解了一半，隨後向他女兒問道：「小嬰兒咳嗽咳了多久？什麼時候咳得最厲害？」他女兒回答說：「已經咳了快一個月了，夜裡咳嗽咳得全家人都睡不安寧，尤其是清晨快要天亮的時候，咳得最厲害！」我聽完後心裡已經有了十成的把握。

中醫診病望聞問切，看到厚厚的奶垢，就是望診，問出清晨咳得最厲害就是問診，既然已經知道病情，切脈就是多餘的事了。

記得師父曾對我說：「嬰兒的毛病大都是脾胃出了問題，只要護住脾胃，嬰兒百分之八十以上的病就沒有問題了」。我當時認為師父想忽弄我，天下哪有那麼簡單的事情，無非是藏了兩手，想很輕易地把我打發掉而已！待我自己結婚之後，孩子生病時都是我用中藥把她們治好，才知道師父教我的是真東西，非常寶貴的歷練和經驗。

天下的父母親都希望自己的兒女將來長大成龍成鳳，年輕的媽媽尤其是心疼自己的兒女，不能輸在起跑點上，所以餵食嬰兒奶粉時，明明只要三匙就夠了，她偏偏要多加兩匙。嬰兒初生是嬌臟，經不起填鴨式的餵養，這種舉動有如揠苗助長，輕則小病，重則發育不良。

黃先生的外孫女就是典型的例子，咳嗽咳不停，尤其是五更時分咳得最厲害，這個病叫「食積」，是傷了脾胃，若去治感冒咳嗽，根本是搞錯了方向，我開列藥方如下：

人參一錢、白朮二錢、茯苓二錢、甘草一錢、陳皮一錢、砂仁四粒，

兩付煎服

黃先生叫其女婿開車送我回家，順便到藥房抓藥回家煎服。翌日黃先生上班見著我說：「小嬰兒昨夜才吃第一道藥，整夜沒有聽到咳嗽」。我說：「這是對症下藥」。並再叮囑轉告其女，切記爾後奶粉要沖得淡些！

中醫把咳嗽的成因分析出有數十種，咳嗽難醫，是沒有找到病因。師傅曾經傳我一個藥方，專治久咳不癒，現述說如下：

我在基隆工作的時候，有天在辦公室裡，聽到身後的會計蔡小姐說：「我那讀中學的兒子咳嗽很嚴重，已經半年多了，中西醫都看過了，始終沒有看好，真的很煩，不知道怎麼辦才好」。人皆有惻隱之心，我聽到後轉身告訴她說：「我師父留給我一個專治久咳不癒的藥方，妳不妨拿去試試，如果再醫不好，可能就要等到他哪天他體質轉變，身體變得強壯，不藥而癒了」。藥方如下：

人參三錢、知母四錢、罌粟殼一錢、阿膠四錢、杏仁四錢、麥冬四錢、桑白皮四錢、地骨皮四錢、鱉甲四錢、白芍五錢、乾地黃四錢、

冬蟲草四錢、玉竹四錢、當歸四錢、川芎四錢、五味子四錢、龍骨四錢、牡蠣六錢、去核烏梅十粒、乳沒藥各三錢、陳皮三錢、甘草三錢，六付煎服

蔡小姐愛子心切，中午即刻趕去抓藥，隨即回來對我說：「藥方中的罌粟殼這味藥，藥房沒有，怎麼辦」。

由於罌粟花能製鴉片，列為禁藥，當年兩岸並未開放，但是基隆港船舶進出，有許多專賣舶來品的商號，於是我心想一定可以找到此藥，就告訴蔡小姐說：「妳多找幾間老藥房問問，拿藥方給他們看，就有可能抓到此藥了」。蔡小姐照我的話去做，如願以償，抓了六帖藥，煎服後其子久咳不癒的毛病藥到病除。

五年前我回大陸返鄉探親，意外地在「人民藥房」發現類似的藥已製成片劑，我立刻買下十盒帶回台灣，遇有久咳不癒的病患就贈送兩盒，由於此藥藥效頗佳，俟去年返鄉，卻發現各省多家製藥公司，競相製作此藥販售，而且價格抬高很多。

歷史有時十分諷刺，過去共產黨在大陸搞三面紅旗，實行人民公社，遭到徹底失敗，國民政府在台灣開始實施全民健保，成就共產制度的樣版，並受到舉世矚目。大陸現在人人向錢看，資本主義猖獗，貧富差距很大，富人炫富，一擲千金，很多窮人卻連醫藥費都付不起，不敢到醫院看病，我不禁要問：當年那些赤腳醫生都跑到哪裡去了？錢真的那麼重要嗎？我只好對月嘆息了！

健康之「道」在——脾胃

健康優雅的體魄，就像金字招牌一樣，是人人所希望擁有的，這比擁有金錢或權勢還要來得重要。當身體健康情況不佳，某處疼痛不適而亮起了紅燈，不但使我們肉體感覺苦痛，人也開始無精打采，轉而意志消沉；若病無起色，長年針藥相伴，金錢損失不啻，情緒惡劣，全家都會遭到牽累；更甚則病情惡化，必將危及寶貴的生命。所以想要有健康的身體，平時就應該注意保養。

保養身體健康的方法很多，諸如作息正常、早睡早起，避免過度的勞累；經常做適度的運動和保有正常的興趣與娛樂；要有高尚的志節，遠大的理想，寬闊的胸襟，避免憤怒和憂鬱的情緒，同時節制飲食和戒色寡慾，以及遠離菸酒等等；這些話說說容易，卻是很少人能夠照做的，包括我自己。總而言之，致病的源頭，可以說就是「飲食勞倦」四個字。

內經上說：「虛邪不能獨傷人，必因身形之虛而後客之也」。身形之虛，是長年累月未能注意飲食和過度的勞累所造成的。

由於飲食勞倦關乎脾胃，而脾胃在五臟六腑之中是具有主導作用的。在導引本經上說：「脾居五臟之中，寄旺四時之內，五味藏之而滋長，五神因之而彰著，四肢百骸類之而運動也」。另「四診心法」在望診中有一段話說的更為明確，原文是「面目之色，各有相當，交互錯見，皆主身亡，面黃有救，……」。意思是說：以望診來診斷生死時，臉色和兩目之色各有相當，二色相生為順吉，二色相剋為逢凶，凶則主死，唯獨面色呈現黃色有救。因為脾胃主土居中，其色為黃；面呈黃色，表示土氣未敗；由於胃氣強，病家還有本錢，雖一時遭遇病邪而挫敗，而仍然是有救的。

也許有人會懷疑那些老掉牙的說法是否可靠：那麼我就再告訴各位一

個鮮為人知的秘密。古時許多凶殺案和暴死的案件，一定要請法醫（鋤作）到現場驗屍，法醫前來，首先看看死者有沒有鼻息，如果鼻息沒有了，他會摸摸死者的心臟部位，看看心臟是否仍在跳動，心跳也沒有了，他就順著按壓死者的胃部，當發現胃部仍有溫熱和些許的蠕動，法醫就會立刻請醫生前來急救了。於此可見，脾胃為後天之本，五藏以脾胃為中心，不單單與我們日常生活息息相關，而且在替我們的生死把關呢！

明白了脾胃的重要性，我們再來談一談有關保養之道。一般來說，小兒是比較容易暴飲暴食的，這是為人父母所應當特別注意的。若逢兒童偏食、不思飲食、頭痛、瘦弱、脾氣暴躁、或是不明原因的毛病，都會令父母憂心不已的。站在中醫的立場，治療小兒疾病，就是以調整脾胃為主。清乾隆名醫陳修圓先生以「五味異功散」作為強健小兒體魄的主方，其組成是：

黨蔘、白朮、雲苓、陳皮、甘草各三錢、紅棗兩枚，水煎服

由於本方有除濕、瀉熱，補中益氣等調補的作用，而且味道甘甜，絕對沒有副作用，因此有上述情況者，做父母的不妨買兩付藥給孩子服用，相信能收到意想不到的效果。曾經有些孩子正餐不食，多吃零食，做媽媽的跟在孩子屁股後面餵飯，很是辛苦；我就建議開出「五味異功散」，並稱：「這叫中國可樂，味道甜美」。小孩子服用後，不用再教，自己上桌，就能欣然地享用一碗飯菜，使父母省心不少。

對於大人來說，暴飲暴食的情況雖不多見，但是雜食含有不潔之物，以及不忌生冷煎炸，倒是極為普遍的。醫書上說：「食穢濁之物，則心識昏迷，坐念不安；食不宜之物，則四大違反，而動宿疾」。又說：「善衛生者養內，不善衛生者養外；養內安怡臟腑，調順血脈；養外集滋味之美，窮飲食之樂，雖肌膚充腴，而酷熱之氣內蝕臟腑矣」。由此可知，「戒滿意之食，省爽口之味」，平常飲食粗茶淡飯就是養生之道了。

曾經有位梁小姐跑來跟我說：「爸爸病重，院方表示已經沒救了，現在飲食不進，是否有什麼藥方，可以讓爸爸的胃口好些」。所謂老小老小，老人和小孩一樣，我即方用「五味異功散」。事後梁小姐以電話向我致謝說：「「爸爸在走的前幾天，胃口都很好，走時也很安詳，非常謝謝了」。

最後要特別提醒的是：今天我們的生活水準已大幅提高，每個人都是營養過剩的「膏粱」之人。書上說：「萬物從土而歸出，補腎不若補脾」。因此，既使要補，也毋須大力金丹、人參、蟲草之類，一般男用六君子加當歸，炮姜；女子補虛用四物湯（熟地、當歸、白芍、川芎）即可，簡單明瞭。若是平日就大補特補，等到有病，藥就無效了。少花點冤枉錢吧，尤其是補錯了藥，也會得病的。

六淫之邪傷寒最重

李先生是吾妻的小學同學，她太太淋巴癌重病住院開刀後，頭痛惡寒，全身難過，非常痛苦。吾妻前往探望，見之不忍，就告訴李先生說：「晚上你們向醫院請假，帶你老婆到我們家來，請我老公幫忙看看」。

我曾經告誡過吾妻說：「我是藉醫行道，不求財不求名，凡是道親，或是親戚朋友同事，有病可以找我，其他不要介紹來！免得添上麻煩」。

晚上吾妻告訴我有這麼一個情況，當時心中著實有點惱火，這麼重的病人找上門來，是十分棘手的呀！但是我又不能拒絕，因為她已答應了別人，而且已經在開車的路上。我隨即叫吾妻打手機跟李先生聯絡，告知：

「病人體弱，無法爬上我們家的五樓，待在車上即可，我到樓下大門口去迎接」。

我看到李太太第一眼是：頭戴毛帽，戴上口罩，全身用大衣緊裹，低頭縮成一團，坐在後座的一角。我打個招呼，即幫其把脈，脈象浮緊，請其張口看舌，苔白如雪。這是標準的傷寒麻黃湯症。

麻黃湯最主要的功能是令病人發汗，使寒邪隨大汗排出體外，但是眼前重病的病人是不能大發其汗的！萬一她支撐不住倒下怎麼辦？雖然醫書上說：「急著治其標」。又說：「表病未醫，裏病不治」。意思是說：「醫病先要解除病人表面的病症，然後再去醫治臟腑的病症，以免先治裏症，表邪會乘機襲裏，病變更加複雜」。想到此處，心中七上八下。

身為一個醫者，不但要細察病情，有時需要大膽出手，只要根據醫理正確，就要快下決定。因為病情隨時會有轉變，它是不會等待你的。此刻，我想到中醫最大的優勢，就是扶正的真理，遂開藥方如下：

人參一兩、麻黃三錢、桂枝二錢、杏仁二錢、炙甘草二錢，一付煎服

麻黃湯發汗驅寒解表，重下人參一兩補氣，本來表症是不能用補，可是此時不是進補，而是扶正，使病患不會因發大汗後，身體虛弱不支而倒下，就是這個道理。

話雖不錯，但是對我這個單打獨鬥的小人物來說，還真是放心不下，晚上躺在床上，輾轉反側，不能成眠，不得不起身，再翻查醫書，反覆檢視每味藥性是否合宜，確認無誤後，才上床入睡，此時已到凌晨一點多鐘。

第二天中午，李太太親自打手機告訴我說：「房先生，謝謝你，我現在全身舒服多了」。我才終於鬆了一口氣。

李太太淋巴癌重病住院開刀後，怎麼會受寒如此嚴重呢？這是開刀房中的冷氣太強之故。醫生開刀治了淋巴癌，卻讓病人受寒，醫了此病，卻讓病人又得它病，外科醫生是不會明白的。

我呼籲這點要敦請各家醫院加強改進的。

看診也能成就良緣

凌小姐面貌普通，身材頗高，個性爽朗，還很熱情，在一所大醫院擔任護理工作，和一位華僑醫生談上戀愛，並論及婚嫁，遠在印度的準婆婆特地趕來，將要主持婚禮。

她看見準婆婆咳嗽咳得厲害，主動帶準婆婆來道場叫我看診。我問老太太說：「伯母咳嗽咳多久了。什麼時候咳得最厲害」。老太太回答說：「這個老毛病已經拖了好多年了，每到秋天就犯病咳個不停，甚至嚴重時，氣都喘不過來，醫生開了藥，吃也吃不好」。聽到此處，我心中已有分數了，因為我曾經看過此一醫案，也曾醫好過這種病，我將此病定名為「秋喘」，原因是內有鬱熱。當春夏期間，皮膚可以疏泄內熱，入秋之後，皮毛開始緊束，外有表寒，鬱熱轉向，造成咳喘不止。

既然明白來龍去脈，還是要幫病患把脈，那只不過是讓患者寬心而已，遂開藥方如下：

當歸五錢、白朮三錢、黃芩二錢、桔梗二錢、貝母二錢、荊芥二錢、薄荷二錢、天花粉三錢、大黃一錢、神麴五分、甘草一錢，六付煎服

此方之妙，全在大黃一味，袪火消痰通鬱，又得當歸白朮之補利，既舒內鬱之熱，又疏外入之寒，故能立刻見效。

一年半後，凌小姐抱這著一個白白胖胖的兒子來道場求道，當眾前來謝謝我，人家問她說：「你謝謝房先生什麼」。她說：「去年婆婆來台時，第一眼看我不滿意，私下叫我先生把我甩掉，另外再找對象，是房先生幫忙醫治好婆婆的老毛病，婆婆才回心轉意，對我先生說我不錯」。我聽了之後，笑著對凌小姐說：「你現在又生了一個胖兒子，你婆婆就更加喜歡你了」。

可別小看了這個病例，得了這個病而沒能醫好的人，還真有幾個。後來我回大陸探親，我那小表妹夫長年咳喘，人家把他當癆病鬼，咳喘加劇時，氣息抬肩，十分嚇人，都以為沒得醫了，當我去把脈，見肝脈弦滑，判定就是「秋喘」，同樣是藥開六帖，多年所謂的癆病，竟得痊癒，一時傳開，認為是個奇蹟。

41　鼻流清涕不止

去年五月我返回大陸老家，隔壁搬來一户新的鄰居正在裝修整理，我主動前去打個招呼，聯絡一下感情，因為有句話説：「遠親不如近鄰」。

卞先生老實誠懇，並不多話，倒是他的老婆，也許是做老師的關係，十分大方健談，言談中告知卞先生曾經半身中風，所幸搶救得宜，目前已無大礙，但是還有個毛病始終沒有看好……

一般人三餐正常，不會感到有什麼問題，但是卞先生在飯前半小時就飢餓難熬，甚至餓到手會發抖。由於我醫好過此病，遂告知説：「我學了點中醫，知道這個病，我去開藥單拿來給妳」。

此病即中醫所謂的「中消」。中醫講糖尿病分：「三消，上消指乳房以上，病徵是頻頻喝水，但不解渴；中消指乳房與肚臍之間，病徵是善飢；下消指肚臍以下，病徵是多尿。」卞太太問我：「你這趟住多久？什麼時候再來？」，我說：「住三個禮拜，端午節前趕回台灣過節，下次來大概是八、九月份，我和老婆會一同回來！」。

由於事有耽擱，我到十月中旬才再回老家，卞太太見著我說：「我那兒子天天在唸叨著你呢！」，我說：「怎麼回事？」卞太太說：「我兒子當刑警，三月曾到雲南去抓逃犯，回來就得感冒鼻塞，鼻流清涕不止，始終沒有醫好，他說：『隔壁從台灣來的老先生不是會看病嗎？不是說八、九份就回來？怎麼都到了十月還沒有來啊？！』」，我說：「今天我都不會出門，妳叫妳兒子下午或是晚上來找我都可以！」卞太太立刻用手機和她兒子連絡，一小時後，卞家公子就開車帶著女朋友一道前來。

我再問一遍生病前後的情況，大概與其母所說的一致，遂即幫他把脈，脈把完後，我對卞公子說：「你的脾氣不太好，壓也壓不住，會爆發出來」。

他的女朋友立刻說：「他就是那樣！」我立刻制止說：「這是病，跟做人沒有關係，妳應該同情他和幫助他才對！」

其實我先前就想過這個問題，感冒流鼻涕是個小病，家鄉不乏中西醫院，為何拖了半年都沒能醫好，必定有其他的原因，必須再深加追究的！

俟我把完脈後，發現脈象並不是風寒外感，也不是肺寒氣虛，而是肝胃不和。我猜測肝胃不和的原因有二：一是刑警工作案情膠著不明，壓力過大，逼出肝火；二是由江南遠赴雲南追緝逃犯，這是水土不服所造成的，不是嗎？自認為判斷無誤，遂開藥方如下：

藿香五錢、厚樸三錢、白芷三錢、麴半夏三錢、桔梗三錢、白朮五錢、蒼朮五錢、茯苓三錢、陳皮三錢、大腹皮二錢、蘇葉二錢、炙甘草二錢、生薑三片、大棗兩枚，六付煎服

此方是藿香正氣散和平胃散合方，藿香正氣散專治時疫，外感風寒，水土不服，而平胃散健脾除濕，兩方合併，是可以治感冒鼻流清涕的。

我一般開藥多開六帖，希望使病能根除，而且為了不使藥效減低，教病人服藥三天，休息一天，再把後藥三天服完。為了進一步加強療效，我教卞公子沒事時，用姆指按摩雙手手三里穴（約手肘橫紋前四指幅的小姆指尾端），有止涕的效果。

最後告訴他說：「如果此藥不靈，再來找我，我還有一方，可以止住長年流鼻涕，可以放心」。

事後，據卞太太告訴我說：「我兒子很聽你第話，按時服藥，沒事就用姆指按摩手肘前的手三里穴道，現在好多了」。

她們家的後院，種了一片小青菜，收成時，卞太太抓了好大一把送來給我，並說：「房先生，這個是吃素也可以吃的」。我只好笑著接受和謝謝了。

舊傷難癒

我年輕時才二十出頭就犯腰痛，在左胯骨內像針刺一樣的刺痛，嚴重時人會嘔吐，曾經有次下樓梯，左腳突然踩空，好像沒有腳一樣，一個跟斗栽下去，夜晚洗完澡後檢視，發現背後有七塊瘀青。各處尋訪中西名醫，既未能查出病因，也不可能把病治好。這期間有位王科長，他見我腰痛嚴重，主動送給我半打虎骨膠，叫我浸泡高粱酒，每晚喝上一小杯，看看是否能夠止痛。王科長並不是我的直屬長官，對於一個非親非故的小蘿蔔頭，能大方的伸出援手，病雖沒好，但對他的愛心，這麼多年來，我一直是心存感激的。

爾後派赴香港工作，曾請名醫費子彬先生看診，費老的祖父是清朝御醫，他光是把脈就收費港幣三十元，相當於我在台灣三分之一的薪水，看了一個月，花了將近五千港幣，他還在研究，我實在負擔不起，只好作罷。爾後找醫生看病，我都告訴醫生說：「只要你能使出十八般武藝，我全部配合，如果沒能看好，你也不必難過，我已經看過不少名醫」。他們都很盡力，但是都沒有取得成效。

正當絕望之時，又聽人說：「在九龍城侯王道，有位針灸醫生張繼豪先生，醫術很好，蠻有名的」。我聽了之後，立刻前往找他。張醫生除了幫我把脈針灸，還開方給我，同時也不收取任何費用。由於針灸對於止痛的效果特佳，再加服藥後病情有了好轉，經過幾次看診較為熟識後，他還留我吃飯，且待我為上賓，最後勸我求道，並答應教我易經和中醫。我請別人診病，又吃了別人的飯，還可以學習中醫，這種好事到哪裡去找啊。

求了道之後，師父僅告訴我四個字「帶病修行」。由於長年病痛，我當時只想跟隨師父習醫，其他一切不管。十多年後，受到師父的言行感召，我才發心戒除菸酒，練習吃素，開始修道。爾後才漸漸明白過來，原來腰痛是因為年少時頑皮，在門框上拉單槓盪鞦韆，人甩出去，腰背正好槓上一個反過來的小板凳，當時氣都喘不過來，還怕別人看到，家貧沒有醫治，數年後再受到風寒，病發成為終身痼疾。

說了可能各位不信，在日後的修行坐功中，我看到纏繞在身上的痼疾，那個冤欠，居然是隻母猴王，不知道是在那一世中，是我以兇殘的手段，用刀刺向他的陰部，鮮血噴濺，我竟是如此的可惡。既然知道自己裏外都不是人，當下就應該承擔起來。爾後我病發腰痛時，除了服藥，自己下針，在痛處再貼上藥布，省錢省時又少痛外，我和母猴王打好商量，我不會趕他走，咱們和平共處，一起修道，我還會把念經的功德，迴向給他，拜託讓我少點痛，好讓我靜心修道，如此希望能夠平安度日。

師父曾對我說：「學習中醫，要發慈悲心，能與天上的天醫星相對應，就能得心應手」。我自己病過，深切體會病患的苦痛，對於探索病患的致病原因，也是有很大幫助的。

陳小姐身材很好，腿很修長，自大學農學院畢業後，到社會上工作，為了展示美腿，喜歡穿高跟鞋。有次下公車時，不小心扭傷了腳踝，未能醫好。從此以後，右腳外踝內一直隱隱作痛，不能再穿高跟鞋事小，更重要的是不敢結婚，怕婚後懷孕，身體不堪負荷，如此一拖十年，最後在父母和親友的催逼下才嫁人了。婚後聽到大學的同學說我會看病，由其丈夫陪同前來。

我問陳小姐說：「你當初腳歪到時，有沒有看過跌打醫生」。她回答說：「有」。我笑著對她說：「你很喜歡吃冰，對吧」。她回答說：「我最喜歡吃冰了」。我說：「這就是你腳痛一直不好的原因」。陳小姐頗感疑惑，我接著說：「婦女月事來時，人會感到不適，月事過後，身體會感到虛弱，你下公車扭傷到腳，就是那個時候。扭傷光吃止痛藥是沒有用的，當時如果懂得推拿，之後再拿薑片倒入高粱酒燒熱敷上，第二天就沒事了，此時切記：一定要忌口，不能吃冰。一旦冰冷的東西下肚，寒氣順著經絡下走，到達扭傷之處，寒氣和瘀血合併，存留在骨縫之中，不但會隱隱作痛，而且藥力很難達到。洋人聽不進這種說法，我們老祖宗是清楚知道的。因為外感六淫，風寒暑濕燥火，其中寒邪是最容易傷人的」。

陳小姐聽完我的分析，點頭稱是。我隨即替她針灸醫治，請她坐著，由右側環跳穴起下針，經風市、委中、足三里、絕骨到申脈，由於痛點就在右腳外踝骨縫深處，此地加用兩吋長針下了四針，並用艾絨在針頭上點燃，讓熱由針柄傳遞到針尖至骨縫裏，最後下針內庭透湧泉穴，用瀉法把寒邪帶出。

此刻我請陳小姐站起來，用力再歪一歪腳踝看看，她高興的說：「不痛了」。我說：「還沒有好，請坐」。遂用備用的跌打傷藥粉，加入雙鹿五加皮酒調勻，用手柔軟成一團，敷在其患處，再用紗布包紮。

陳小姐起身後，我又在其左手手腕背的陽池穴，再補上一針，並告訴她說：「這叫上下相應，左右相應」。

陳小姐問我說：「明天還要不要來」。我告訴她說：「如果不痛，就不必來了」。此刻她老公從皮夾內，掏出一張千元大鈔遞給我，我說：「我從來不收錢的」。她接過來拿給我女兒，我女兒也拒絕說：「我爸爸從來不收錢的」。他們道謝後離去。

一年後，陳小姐帶朋友來找我看病，扮手禮是一盒蘋果，我欣然接受。這蘋果又香又甜，比當初收取診金，要更值錢的。

中風病例

林小姐是吾妻的同事，前來我家作客，言談間說到和男朋友的問題，我勸她說：「別再挑了。如果對方有正當職業，老實誠懇，就是不錯了，女孩子青春不能等，趕快結婚，不要再拖。婚後是兩個人過日子，這才是人生的另一個開始」。林小姐把我講的話聽進去了。之後談到中醫和針灸，大都是我在滔滔不絕地高談闊論，最後她說：「房先生，聽你講針灸半小時，比我在青年會上課半年還有用」。我說：「不能那麼講，課堂裏講的是基礎架構，我講的是實際操作和一點經驗而已，沒有什麼」。

林小姐的公公是位老將軍，因為看不慣社會上的一些亂象，氣倒在醫院的病床上，不言不語，也拒絕吃藥。林小姐打電話給我，邀我去幫忙看看。

我到病房，看到李伯伯的面相，應該是個儒將，他闔著雙眼，嘴唇緊閉，鼻息尚勻，氣色還好，應無大礙。遂上前去自我介紹說：「李伯伯，我是小惠的朋友，聽說你身體不好，我學了點中醫，前來幫你看看」。李伯伯聞風不動，眼都不眨，也不哼聲。我接著說：「李伯伯，我聽小惠講，你對時勢很不滿意，經常生氣，甚至氣得手腳發軟，你那麼去想，正中別人的詭計。你是老將軍，年輕時為國盡忠，經過槍淋彈雨，完成了歷史上階段性地使命，就已經對得起國家民族了，現在是交給下一代的時候，由下一代他們去管，社會上愈亂，才能顯出忠奸之別，你就當看戲，別跟自己過意不去。現在天時是現世報，那些笑裏藏刀的傢伙，以為是人不知鬼不覺，其實老天有眼，絕對不會放過他們的，好戲的高潮都是在落幕前才揭曉的，你要保養好身體，看到最後落幕，到那時拍手叫好才對」。李伯伯微微瞇著眼，瞄了我一下，我說：「現在幫你把脈，然後開藥單給你，你要按時吃藥」。他沒有拒絕。藥方如下：

熟地一兩、當歸五錢、白芍貳兩、麥冬三錢、人參一錢、白朮三錢、茯苓二錢、甘草五分、丹皮三錢、陳皮二錢、柴胡一錢，四付煎服

逍遙散為解鬱聖藥，鬱散才能補，補始有功。方中重用白芍貳兩，柔肝以平肝氣，肝平則木不剋土，胃土始有生生之氣，再加健脾開胃之藥，輔佐相成，始能建功。

兩年後的夏秋之間，大約是黃昏時分，林小姐打電話來說：「我二伯上廁所小便時，突然倒地不起，緊急送往醫院，經過檢查發現腦部有血塊，現正逕行手術治療，術後調養有什麼中藥沒有？」。我說：「這是精氣虛脫的危症，原因是氣血兩虛，再加上太過勞累所致，必須先大補元氣，用陽藥急救」。遂在電話中告知，藥方如下：

人參二兩、白朮一兩、附子三錢，一付煎後立刻灌服

春節期間，林小姐夫婦帶著公公婆婆和兒女，一起來我家拜年，李伯伯送我一只夜光杯，我沒見過此物，當然歡喜接受。夜晚，我把夜光杯放在桌上，把電燈全部關掉，一片漆黑，什麼都沒有看見。

後來才聽人說：「夜光杯不會發光，它是將黑色石材打磨透光而已」。也算是長了一點見識。

頭殼大痛奇癢輪番折磨

前年五月，我返鄉探親時，大表姊的鄰居彭女士前來找我，説：「媽媽年紀大了，得了個怪病，白天頭癢時，用手抓、用梳子梳，抓到流血也不能止癢，夜晚換作頭痛，痛到頻頻撞牆，淚流滿面，一年多了，始終看不好，你是否有藥可以醫治」？

我乍聽之下，一天裏既然頭痛又癢，這是顯而易見的氣血兩虛，但是家鄉有大型中西醫院，醫院的醫生都未能醫好，必然有潛在不明的原因，尚未找到，不能隨隨便便開藥，應付了事。我説：「讓我好好的想一想，研究一下，妳先去忙妳的，隨後我會請表姊，把藥方交給妳」。

中醫醫治頭痛，以部位區分，前額屬陽明經痛，後腦屬太陽經痛，兩側屬少陽經頭痛，顛頂痛為氣虛，偏頭痛左側為血虛，右側為氣虛（男女左右相反），外加後腦昏痛，是色慾傷風，分得十分清楚，當然開藥也就不同。如果只是吃止痛藥，一時雖能止痛，但請試問，能把病治好嗎？只是在拖延病情而已。

彭女士的母親，他們那一輩的人，歷經戰亂，年少時生活極為困苦，成年結婚後，生兒育女，月事必定未能做好，這是遠因。現在病發，頭部奇癢大痛，就是體虛，寒邪深入腦髓，白天清陽不升，則癢甚，夜晚血歸五臟，少血供養頭部，則頭痛如破，才會痛到撞牆。自認研判方向正確，開出藥方如下：

人參一錢、白朮三錢、黃芪五錢、陳皮五分、甘草一錢、當歸一兩、白芍五錢、川芎一兩、柴胡一錢、細辛一錢、蔓荊子三錢、天花粉一錢、辛荑三錢，**六付煎服**

此方以補中益氣湯為底，人參黃芪補氣，當歸白芍補肝，加柴胡令木氣入肝，川芎細辛蔓荊子均是治頭痛之藥，加辛荑引藥入腦，清陽得升，藥達病灶，故能痛癢雙治。

隔日，據彭女士告知：「老媽服下第一帖藥後，當晚頭痛減輕不少，已能安然入睡，第二天早上，二道藥服完，白天頭癢亦不甚嚴重了」。

由於藥已見效，安心將藥服完。一周後彭女士跑來問我：「是不是還要繼續服藥」？我笑著說：「凡藥均有毒，病已治好，勿需再服，買些蘋果，給妳媽媽每天吃一顆，既能幫助消化，又能幫老人家通便，這樣比吃藥還好」。

肝病痛在左脇

陳小姐有天帶了一位外國人來找我看病，我學了一二十年的英文，結果是口不能開，有聽沒有懂，直到現在才體會到，未能學會的關鍵在於沒有「開口說英語」，這是題外話。

我請陳小姐幫忙翻譯，首先詢問其尊姓大名，請他書寫給我看，他寫著：Denis Michael（丹尼斯麥克），我問他：「哪裡不舒服？有多久了？」，他回答：「胸口發悶，右脇疼痛，已經一年多了，是不是得了肝病？」我回答說：「不是」。並且進一步解釋說：「真正的肝病痛在左脇，而不是在右邊」。他說：「肝不是長在右邊嗎？」我說：「沒錯，但是根據中醫五行相生相剋的理論，肝屬木，腎屬水，木需水養，腎分兩邊，左腎右命門，左邊為水，右邊為火，中庸之道，水火要平衡，水火既濟，才能氣化運轉，你看樹木的根有病，開始葉黃枝枯，漸漸樹幹壞死，最後嚴重到根死。人也是一樣，肝在右，其根卻在左，真正的肝病病發左脇疼痛，你右邊痛是長期鬱悶，肝氣不舒而已」。

他沒有聽得太懂，我隨即問他：「是不是最近工作不順？或是夫妻的感情不睦，產生了裂痕？」。麥克坦然地說：「我原本的事業做得不錯，也賺了不少錢，家庭也很美滿，也許是人過中年，感到累了，一切看淡了，就產生想要出家的念頭。兩年前，我就把全部的積蓄和家產留給太太，辦理離婚手續後，隻身闖蕩流浪，希望能找到真道，以安定身心，確定人生永恆的方向，沒想到處處碰壁，事與願違，如今窮得幾乎沒有落腳之處！」。

我安慰他說：「就是因為你有發心修行的願力，這是十分難能可貴的，所以上天就來考驗你，看你是否真心，是否能堅持到底，「玉不琢不成器，人不磨不成材」。在逆境中成長學習，才能深刻體會了解到真理。此時上天正在選聖拔賢，挑出真道的種子，你既然能把金錢和家庭放下，就更應該把心放下，勇於面對一切橫逆。一個人的生活其實很簡單，粗茶淡飯，能夠溫飽就可，你跟陳小姐去求道，她會帶你入門，並教你修行的方法，我現在開藥方給你，服完六帖保證你身心舒暢！藥方如下：

生地五錢、當歸三錢、川芎四錢、白芍六錢、麥冬四錢、法半夏五錢、廣陳皮三錢、菖蒲四錢、遠志一錢、煅龍骨四錢、黨參五錢、丹參四錢、茯神四錢（朱砂拌五分）、淡竹葉四錢、絲瓜絡四錢、琥珀四錢、石斛四錢、羌活一錢、藿香三錢、厚朴三錢、薑一片、紅棗（去核）兩枚，六付煎服

麥克雖然身材高大，但顯氣弱憔悴，故以四物湯補血為底，菖蒲遠志開心竅，麥冬清心，陳皮半夏順氣化痰，龍骨琥珀鎮心安神，竹葉絲瓜絡退熱通經，羌活石斛使氣血週流全身，藿香厚朴開胃竅使藥能吸收，如此而已！

此方不是我開，而是早年隨師父看診留下的案底，我照抄一份而已，因為搞清楚病因，就用此經驗方，當然能藥到病除！

婦女帶下五種不同

歐小姐是朋友介紹約好要找我看病的，之後心想不妥，打電話來取消訂約，主要是婦科疾病不方便請個不認識的男性看診。在電話中我告訴她說：「我已結婚，還有女兒，我是幫人看病，又不是看人是男是女。不如這樣好了！妳是老師，應該會寫，我問妳幾個問題，妳隨便找張紙寫出來請人交給我，我看看再幫妳開藥」。

歐小姐照我的話，用十行信紙，寫了滿滿的一大篇，原文如下：

頭頂及四肢發麻，常頭痛，部位以頭頂及太陽穴兩側為甚，甚至走一步一跳痛，痛的時間多於前晚難入睡多夢時，次日則越加嚴重。

三餐定時定量，近來則無飢餓感，對任何東西食之無味。

我自小即無飲水的習慣，故小便量不多，大便很規律，近來因食慾不佳，又吃西藥，變成不是便秘，即為腹瀉。

夜裡多於十二點左右入睡至早上六點多，可是很難入睡，夢多且雜亂無章。

月事來的時間很正確，唯前後大約十天才乾淨，量不算少，顏色略暗，其餘時分泌物較多，有異味呈淡綠色。

當頭痛時，會連帶的聲音啞，且全身覺得很乏，容易倦怠，注意力無法集中，精神恍惚，常有緊張、焦躁不安、心神不寧、仇視、易發怒，及全身肌肉緊繃的感覺。

至於有無其他原因，外在？內在？為何事煩心？或許是個性吧，一點小事我也會氣上半個月。我只覺得近來我的腦部就像隻陀螺轉個不停（不斷的想包括任何事），無法用心及理智去控制它。

各位不妨把她所寫的七個要點多看一遍，然後分析一下，此病的重點在哪裡呢？一般人都會認為重點是頭痛，至於致病原可能是腸胃不適，飲食不振吧！其實全篇的重點只有兩句話，帶下呈淡綠色和小事也會氣上半個月。

中醫醫病的特色是查病因，抓重點，把握病機，看到一些微小的事情，或是一句話、一個動作、就能決斷病情，開方下藥。例如我曾經看過一篇報導：北京大醫院為一名高幹看病，病患病情複雜、拖延不愈、氣息奄奄，群醫會診卻沒有定論（其實各個都怕擔下責任），其中一位老中醫發現病患想喝水，從暖水瓶剛倒出熱騰騰開水，患者卻忙著一口氣喝上一半，當即認定病患寒已入裏，裏寒化瘀成熱，決定重用「附子四逆湯」加減，而能藥到病除！這就是經驗老到所致。

首先要向讀者解釋，為什麼女人要分出個婦科？女子二七一十四歲以前叫做女童，從十四歲天癸至，初經來潮開始，直到七七四十九歲天癸竭，月事停止，這段時期是屬於婦科的範圍，這期間有病，包括經期、受孕、生產等等。過了七七四十九歲停經以後，再有病就男女一樣同治，唯一要注意的是：在停經前後有所謂的更年期，更年期的卵巢逐漸萎縮，出現身體功能暫時性亢進，身體激素分泌失調，新陳代謝發生障礙，臨床表現是月經不調、顏面烘熱、多汗怕冷、情緒激動、煩躁不安、心悸失眠、記憶力衰退、暈眩耳鳴等。如果更年期未為能調適好，上述病狀則會一直拖延下去，我就曾見過六十多歲的婦女，仍然還有上述症狀未能消除。

由於婦女負責生兒育女，身體的構造當然要比男人複雜，月經對婦女同胞就顯得格外重要，如果身體正常健康，月事定時而至，經血正常而下，是可以幫助代謝出體內的餘熱和毒素的。如果身體不適，就會出現經期超前、延後、經痛、血多、血少，或淋瀝流血不止，再就是心情鬱結，出現青赤黃白黑五種不一樣的帶下。

白帶是脾虛肝鬱，濕盛火衰，治宜大補脾胃之氣，少佐舒鬱之味。

赤帶色紅，似血非血，是鬱怒傷肝、憂思傷脾，血熱不分，同時而下，治宜清肝火為主，稍加脾胃之藥補氣。

黑帶如墨汁，其氣最腥，乃胃與膀胱、三焦、命門四火同煎，火熱至極，必然腹痛，陰門紅腫，小便刺痛，治宜瀉火為主。

黃帶是熱存下焦（在肚臍以下），口中津液不能下注任脈，邪水與虛火相合而成黃帶。治宜填補任脈之虛，稍加利水即可。

青帶色如綠豆汁，其氣亦腥，是肝經之濕熱，肝屬木色青，成因是遇違逆之事肝氣難平，治宜解肝中之火，利膀胱之水。藥方如下：

白朮五錢、茯苓五錢、白芍五錢、茵陳三錢、炒梔子三錢、柴胡一錢、陳皮一錢、甘草五分，四付煎服

此方名為「逍遙散」，最解肝之逆氣，加茵陳利濕，梔子清熱，肝氣清涼，青帶自癒。

看到此地，各位大姐、小姐們，你們還會鑽牛角尖，氣過了頭，跟自己過意不去嗎？事實上很多事並不如我們所想像的那麼嚴重，俟事過境遷之後去看，會發現自己真的很傻，太過執著。郝柏村將軍講得好：「人要爭氣，不要生氣」。當你有不如意的事情時候，不要放在心上，切記不可以大吃二喝，那會迅速增肥！唱歌移情也沒用。教妳一個方法，把它寫上一張紙，可以盡情發洩，咒罵那個不要臉的東西，然後把它裝進信封，存到保險箱裡，讓保險箱幫你扛起，妳就完全保險了！

治療乳癌不一樣的思維

朱小姐在台北某銀行工作，有天前來找我說：「我自我檢查，發現左邊乳房有個硬塊，但並未感到疼痛，到醫院看診確定得了乳癌，但在檢查之中，意外發現自己懷有身孕，醫生勸我要把孩子拿掉，再作化療，我有點害怕，想聽聽看你的意見！」，我說：「不能拿掉這個孩子，這孩子是來救你的！因為女人開始懷孕，乳腺也隨即開始活血增大，而乳癌正是氣鬱，乳腺閉塞，此刻懷孕乳腺自然通經活血，既使不能治病，起碼病情不會惡化！如果你拿掉孩子，不僅先傷身體，且乳腺也隨之萎縮，之後再做化療，以妳瘦弱的身體是難以承受的！」朱小姐說：「那我該怎麼辦？」

我說：「即刻開藥給妳治療『乳癌』，一個月後再給妳開安胎方，保妳能順利生產。」朱小姐說：「吃中藥會不會傷到肚子裡的胎兒？」，我說：「醫書上明白寫著：『有什麼樣的病，就用什麼樣的藥』，絕對不會影響到孕婦的胎兒，如果醫書上講的不對，我回去把所有的醫書通通燒掉，從今以後再也不會給人看病。命只有一條，妳自己決定，看該怎麼辦，我不能幫妳做決定。」

由於師父是道場上人人尊敬的老前人，德高望重，老人家長年在世界各地弘展道務。有次回台，他老人家在道場當著在場所有的道親面前說：「我不在台灣的時候，你們有病，去找房先生看，他的醫術還是可以的！」，其實我跟隨師父學醫，只學到一點皮毛而已，禿子跟著月亮走，沾光而已！

朱小姐決定照我的話做，我開方如下：

人參一錢、白朮三錢、茯神三錢、甘草一錢、當歸三錢、白芍五錢、川芎一錢、瓜蔞三錢、半夏三錢、陳皮五分、柴胡二錢，十付煎服

此方乃逍遙散加味，逍遙散能解肝氣之鬱，加半夏瓜蔞是消胸中的積痰，使腫塊易消。一個月後，朱小姐再來找我，隨即開列安胎藥，藥方如下：

生地四錢、當歸四錢、川芎四錢、白芍四錢、杜仲四錢、黃芩四錢、丹皮三錢、藿香五錢、厚朴三錢、柴胡四錢、升麻一錢、生薑一片、紅棗兩枚，每週一付煎服

一年後，朱小姐抱著一個胖胖大眼睛的小子來道場求道，並當眾謝謝我，人家問他說：「妳謝謝房先生什麼？」她說：「如果我去年沒有聽房先生的話，我這個兒子就不會抱在懷裡。」

附記：有關婦女生產，從懷孕開始安胎，孕婦下體出血急救，臨產安全順利，產後服用生化湯，出奶的增乳湯，加上止奶方，全數抄寫一份留給我。師父的厚愛，大恩大德，我要怎樣回報啊！

原因不明的腳腿發燙

張先生是位工程師，住在北投石牌地區，是朋友介紹來看病的，據他自述：夜晚加班，從事繪圖工作，十點左右發現腳背開始發熱，十一點升到小腿，十二點就快升到大腿上了，必須趕快收工就寢，第二天從表面看上去也沒有任何異樣，只是心中感到有個陰影不散，一年多來曾到大醫院徹底檢查，也沒能看出所以然來。

我問他說：「有沒有找中醫看過，藥單帶來沒有？」他隨即展示出曾經看過中醫所開的藥方，我稍許翻看一下，發現了一點苗頭，這些中醫用藥方向都對，為何不能把病治好，其中就是缺少了一味藥引子，沒把炸彈投達病灶，所以未能奏效。

讀中醫的書籍，真的要細心研磨，心領神會，任何一句話，都不能輕易地放過，句句都是爾後臨床上重要的指令。就拿藥引來說，引經藥的歌訣是：手足太陽經，藁本羌活行；少陽厥陰地，總用柴胡去；手足陽明經，白芷升葛根，脾升白芍應；心經黃連使，腎獨加桂靈。傷寒發熱的藥引：春加青蒿夏石膏，秋加桔梗冬麻黃。五臟有病開竅用藥：心加菖蒲遠志，肝加柴胡黃芩，胃（脾）加藿香厚樸，肺加麻黃，腎加杜仲破故子。風濕疼痛用藥：上半身環跳以上加羌活，環跳以下用獨活；手痛用桂枝，手指尖痛用桂枝尖；片薑黃治上肢寒（治手臂痛特效），下肢寒用牛膝山茱萸；關節痛加松節，游走性疼痛加桑寄生，如果要想氣血週流就加升麻柴胡。我寫出這些是給初學中醫者求得個方便，書上有的是複習，其餘是師傅的心傳。

張先生的病是熱邪下行，病邪藏在腳趾骨節之中，腳為四餘（手足）之末，本是邪毒難到之處，但趁人體氣血虛弱，趁虛而入，既到之後就盤據難散，尤其夜晚十點以後氣血逐漸歸臟，此刻熱邪乃囂張作亂。明白了上情，故非下重藥不效，方用顧步湯：

金銀花三兩、人參一錢、黃芪一兩、當歸一兩、牛膝一兩、金釵石斛一兩，六付煎服

方中金銀花解毒補腎（能補腎是仙佛慈悲開示），人參黃芪補氣，當歸補血，氣血週流活血散毒，牛膝引藥下行，金釵石斛引藥直達足大姆指，藥開六帖，藥到病除。

張先生還真是有心人，見我分文未取，長記在心。兩年之後，北市遭遇大颱風的洗禮，當時不單是菜價很貴，而是青菜都快沒有了，他老兄從宜蘭礁溪買了五大捆水耕的空心菜，每支約一尺半長，扛上我家五樓，前來救援。我見菜心喜，一時真是言語難以形容。

我哪能吃下那麼多空心菜，對門樓下鄰居大家分分，趕快把愛和歡樂散播出去。

單方治痔瘡

不管有沒有學過中醫，大家都喜歡蒐集一些單方或秘方，以備不時之需。單方最大的好處是簡單方便，而且藥效特靈。我曾經自報章雜誌上剪下兩個單方，一是用枇杷葉加桂圓乾煮茶喝，能治療夜間盜汗，二是買紅鳳菜加生薑用痲油炒食，治蕁痲疹中的風疹塊。前者我嘗試著用無效，後來檢查是我的症狀有點不同，我是思慮太多，心胸之間於下半夜發汗，病有出入，故而不效。後者是我的小女兒得了風疹，我立刻如法照做，達到立竿見影的效果。

我自幼喪父，母親以幫忙附近軍營士官兵洗衣服賺錢，將我們兄弟扶養長大，由於白天洗衣，夜晚還要燙衣服，加上料理我們的餐飯，忙得真是天昏地暗，不到五十歲就得了青光眼失明，開刀後挽回一點視線，接著就是痔瘡嚴重疼痛，花了六千元包醫，晚年則併發腰痛雙腿冷痛，直到病故都未能醫好，這是我學中醫最大的遺憾！

民國五十六年，花六千元包醫痔瘡是一筆很大的費用，但是開完刀後並未治好，我年假回家，看到母親痛到趴在床沿大哭，立刻向鄰居借了一輛載貨用的腳踏車，載母親由彌陀鄉下騎了十公里路，到岡山鎮上那家醫院看診，醫生只打了一劑止痛針，如此而已？讓我憂心不已！

第二天，我到鎮上採買年貨，順便到老同學家中探望，哈哈醬園那時候剛開始興旺，陳伯母見我從台北回來，熱忱招呼，並詢問母親近況，我將母親痔瘡開刀一事告知，陳伯母說：「你趕快到隔壁村旁邊的大排水溝，在爛泥巴的草叢中去找四瓣草，多找一些給我確認，這味草藥能根治痔瘡」。

當時我身著軍裝，皮鞋擦得啵亮，就跨進大排水溝中找這味草藥，路旁行人好奇的下車張望，投以異樣的眼光，所幸很快找到此藥，連根一拉就是一串，由根部向上一節只生出一莖四葉，葉片很像花生葉，僅有四瓣而已。我找到五串，拿回去給陳伯母確認，陳伯母說：「回去去掉根和葉，只用一根一根的莖，能湊齊一小把約三十根即可，用清水洗淨，再用冷開水沖一道，切碎後拌入半碗的甜酒釀中，讓你媽一次吃完，保證你媽不會再痛，而且痔瘡永不再發」。

母親服下此草藥後，真的未再痛過，四十多年過去，痔瘡也沒有再犯，真是神奇不已。之後我查出此味草藥，學名是「田字草」，我也蒐集了圖片存留以免忘記。由於近二十年來，農民使用除草劑，水溝都由大型機械清理，此味草藥就很難再被發現了。

前年我自己發現肛門裡邊熱痛，用手指觸診可以摸到左邊內側長了小小一顆痔瘡，為了臨時止痛，我用師父送給我的一盒紅藥膏試著塗抹，沒想到此藥膏不但能止痛，而且小血瘤也不見了，讓我免去動刀一劫。

紅藥膏的製法簡單，但是頗費功夫，須要將一粒一粒的馬前子表面細毛用刀片刮乾淨後，用麻油去炸，馬前子炸得酥脆後撈起另用。油炸馬前子之後，鍋內剩下的餘油，用凡士林調合收膏，即是所謂的「紅藥膏」，此藥膏用處很大，無論燙傷、刀傷或毒蟲咬傷，塗抹後立刻可以止血、止痛、止癢。曾經有次同仁到宜蘭山區旅遊，被毒蟲咬得狠癢不止，他們隨身攜帶的萬金油、綠油精和小護士藥膏都無法止癢，我所攜帶的紅藥膏塗上後立刻見效。據我藥師的朋友告知，此藥鹼性甚強，藥力強大，故絕對不可服食，也不可以揉擦眼睛，在家中需置放高處，避免小朋友摸到，這是要特別注意的，提供給大家參考。

田字草科 Marsileaceae

具長匍富狀且二叉之根莖，可不斷延伸，常成片蔓生。葉絲狀或十字裂成四片，呈「田」字型。幼葉卷旋，小葉全緣或多裂，葉片晚上會褶疊、下垂。

臺灣僅一屬一種。

Marsilea minuta L.田字草（參見左圖）

葉田字裂，孢子果在葉柄基部或近基部著生，部份植株分佈馬來亞、日本、菲律賓、香港及臺灣，過去在全省中常見，今已逐漸稀少。

左圖：田字草

下圖：田字草主要生長在水田中

（出處：臺灣維管束植物 簡誌 第壹卷）

青春痘秘方大公開

對一般人而言，臉上偶爾長顆痘痘，不算什麼，但是對少數人而言，尤其是女孩子，滿臉豆花，是非常失面子的大事。我有一位女同事，就是因為從中學開始長青春痘，滿臉都是，試著各種方法醫治，都沒有醫好，除了長期變得憂鬱外，自卑感很重，也不敢面對異性，所以一直也沒有論及婚嫁，當她看到我把同事的孩子青春痘的問題解決了之後，跑來對我說：「房先生，如果我能早點遇見你該多好」。我只能回答說：「藥醫有緣人」。

青春痘好發於青少年時期，有的報導說是男性賀爾蒙過盛，亦有說是皮膚毛囊細菌發炎的現象。此病好發在臉部，但有些人是長在前胸、手背、背部，甚至長在屁股上都有。初發時，有少許碰觸的疼痛，成熟後，可擠出一點點黃色像膿包一樣的油脂，有點惡臭，醫學正式的名稱叫：「痤瘡」。

由於找不到確切的起因，就假設性的說，初期的痘痘是局部的毛囊被過多的分泌油脂所阻塞，因此要用藥抑制皮脂的分泌，或是認為角質代謝異常，要用藥去角質，使皮膚代謝正常。就是因為這樣，市面上的化妝品，就有了一席之地。各種面膜紛紛上市，女人愛美，忙著掏錢搬貨。

由於找不到切實的用藥，有的人就異想天開，服用黃蓮退火，企圖降火氣消痘痘，但是黃蓮又苦又寒，苦味可以裝入膠囊中避開，但是虛寒的體質，吃了黃蓮以後反而使症狀更加嚴重。報導曾說：有位男孩子，恨自己滿臉痘花，居然用電趟斗去燙，痘痘之可恨，可見一般。

許多資料，在分析青春痘的原因，有內分泌失調、飲食偏頗、情緒壓抑、睡眠不夠、腸胃道不適、經常便秘、或是臉部清潔不夠徹底，使用化妝品、保養品錯誤，問題一大堆，似乎是面臨大軍壓陣，難以抵擋的態勢。對於未能治好的患者，則鼓勵他們說：要有耐性，要持之以恆。問題是，現在是個資訊發達的時代，凡事講求快速，誰有那個美國時間和耐性，跟你窮磨蹭。但是不磨蹭又奈何呢？

師父當年在幫病患看診的時候，我在旁邊跟著學習，遇有特殊的病例，師父就叫我也去幫病患把脈，然後向師傅報告，如果說對了，師父「摁」的一聲，如果不對，師父就會說：「你過細再把一把」。我是這樣臨床學習過來的。師父幫病者開藥單，我就在一旁趕緊抄錄一份存底，以備爾後診病時的參考。由於看診的人多，我曾幾次看到師父為病者開出青春痘的藥方，而且一副藥，就能治癒。這份藥單，就成為我的重點收藏。

有朋友對我說：「你們中醫每個人都喜歡留一手，所以一代不如一代。你不找個傳人，將來這些珍貴的東西，不是都沒有了嗎」？這話只對一半，在歷史上，的確有將醫案的資料列為家傳的祕寶，但是真正能學到中醫的精隨，成為大醫國手，卻不是那些小鼻子小眼睛，他們只是混口飯吃而已。

現將藥方公開如下：

金銀花五錢、苦蔘五錢、生地五錢、赤芍四錢、丹皮四錢、赤苓四

錢、荊芥四錢、防風四錢、皂角刺四錢、紅花四錢、川連三錢、黃芩三錢、白芥子三錢、白附片三錢、紅棗兩枚，六付煎服

此方一看，就知道是氣血燥熱，遇熱內發，重用苦蔘、金銀花，能清熱去毒，生地、丹皮、紅花，涼血破血，荊芥、防風，祛風退熱，黃蓮清心火，黃芩退肺火，赤芍去淤，赤苓利水滲濕，白芥子利氣豁痰，皂角刺瀉風熱，能使藥直達病所，由於苦寒用藥太多，故加白附片，大熱純陽，引藥上行，去頭面游風，最後加大棗兩枚，平和胃氣，用藥精準，故能藥到病除。

此藥一般只需六帖，就能完事。如遇情況嚴重，叫患者買些雞屁股吃，能改善體質，藥吃十帖，保證痊癒。重要的是，爾後要避開菸酒、辛辣、燒烤、煎炸之物，生活起居要正常，才可保終身不再復發。

我不建議各大藥廠用此藥方製出成藥，因為中藥分為煎劑和膏丹丸散，各有各的作用不同。不要忘記，人是一個生命的活體，有自癒的療能，不是在化學燒杯中，做出實驗的那個結果。如果想依此藥方製作成藥，亦請高抬貴手，價錢公道點，不要只想賺錢，發點同理心，可憐可憐那些伸手待援的弱勢，多積點德，留給子孫吧。

大餐後即腹瀉

周小姐是我小學的同班同學，自小學畢業後，即沒再見過面，歲月匆匆，五十年一眨眼就過去了，在一次參加同學公祭的場合，我們才又碰著面。由於時間太久，許多人的外表和容貌改變很大，她前來跟我打招呼，我感到十分陌生，就對她說：「我不認識妳」。她急著說：「我們是小學同學」。我仍然沒有印象，就說：「不是」。她隨手甩了一張名片給我，掉頭而去！

在回家的公車上，我拿著她的名片仔細的回想，也沒有想出來，直到晚上洗澡時，想到她和她的哥哥姐姐都是聯名（大毛二毛三毛之類），才想起小學時，坐在第一排中間的那個小不點。現在，她有美容，難怪不認得了。

洗完澡後，我立刻打電話去道歉。她很大度，不以為意，並告訴我說：「這個週末下午有幾位同學要來家中聊天，你要不要來」。我立刻答應說：「好」。

週末我帶著一份歉咎的心，買了一盒水果當拌手禮，到她們家裏。周小姐的老公是華僑，木訥寡言，都是由她來招呼的。

同學們陸續來到。想當年一群小朋友，互相嬉戲，同聲歌唱，如今都成阿公阿婆了，歲月是不饒人的。但是此刻我們再度相聚在一起，好像又回到當年在小學的情境，開心地暢談，十分愉快。

在談話中，周小姐提到說：「我有一個毛病很討厭，每次吃完大餐就往廁所跑，很煞風景，到醫院檢查腸胃都沒有問題，不知道問題出在哪裏」。我說：「我學點中醫，回去幫妳研究一下，找到藥方，再打電話給妳」。

在一般常情之下，遠來的和尚會唸經，對於愈是熟識的人所講的話，反而不會去相信。我明白在場大夥兒的心理，識趣的不再多言。

他們講好晚上一起去吃牛排，然後續攤。我已吃素多年，而且是下跪立願，不能隨便，就告訴他們說：「今天是觀世音菩薩聖誕，晚上我要回道場拜佛，對不起各位，非常抱歉，要先走一步」。

回程的路上，我就在想，她在醫院檢查腸胃都沒有問題，又不可能經常是受寒腹痛瀉泄，要說是吃錯東西，應該是立刻嘔吐，亦不應該是腹瀉。大餐之後就往廁所跑，也不該有那麼快吧！一定有其他的原因，必須仔細的翻書，好好的研究研究。

夜晚我從道場回到家，已經快十一點了，洗完澡後，全身舒暢，我仍精神昂然，於是把相關的書籍統統找來，一本一本的翻閱。皇天不負苦心人，終於讓我找到相關的醫案。俗話說：「小孩屁股後面三把火」。但是人到年老，那把火就快要熄滅了，尤其是婦女同袍，既要生兒育女，又要操持家務，現代婦女還要出外工作，神仙、老虎、狗的日子熬出頭來，身心沒有點毛病，那才是奇蹟。明白了致病的原因是脾腎兩虛，再參考醫案後，開方如下：

人參五錢、白朮一兩、山藥一兩、茯苓一兩、半夏一錢、蘿蔔子一錢、破故紙一錢、附子五分，四付煎服

方中人參、白朮、茯苓乃健脾之聖藥，破故紙、附子補命門底火，山藥滋腎陰，半夏祛痰醒脾，蘿蔔子能分腸道清濁，兩付藥即能止瀉，為使陰復陽回，多用可以鞏固療效。

周小姐她們兄妹因生意往來，預定好行程要前往南非，買好藥後，隨身攜帶，利用空檔煎藥服用，一路平安。回來後，立刻打電話給我說：「這回沿途朋友請客吃飯，沒有往廁所跑了，非常的謝謝」。我告訴她說：「以後須要用桂附地黃丸長期服用，改善體質」。

一年後，我又接到她的電話，聽到她的聲音沙啞，而且咳聲連連，我說：「妳怎麼了」。她說：「感冒一個多禮拜了」。我說：「妳怎麼不來找我」。她說：「你看病不收錢，我不好意思麻煩你呀」！我說：「我是一概不收錢，我們又是老同學，別那麼見外，趕快過來，不然我乘計程車過去」。她說：「我這就過去了」。原來她已經咳得受不了，藥也吃不好，才想到我的。考驗的時後到了，我得加把勁才是。

不孝有三無後爲大

有天，我的大女兒突然間問我一句話說：「爸爸，你只有我和妹妹兩個女兒，沒有兒子，會不會感到遺憾？」對於這個突如其來的提問，一時間還真有點錯愕，只是順口說：「不會」。也沒有多做解釋。事後回想，此事的緣由，可能是她們從事護理工作太累，過去是一放假就出去逛街，或是看電影，近年則是忙著與男朋友約會，我才感嘆地對她說：「女大不中留」。

孟子曰：「不孝有三，無後為大，養兒防老，積穀防饑」。這句話，深深的印在每個人中國人的腦海中，成為中國人傳統的觀念。在過去父系社會的家庭裡，主要是教男人要對家庭負責，否則對不起列祖列宗，無形中對維繫著社會的安定，有著重大的貢獻。期間，也造成一些不幸的悲劇，電影和電視就有看不完的大戲。

修道之後，我發現一個很深刻的道理，有句話說：「夫妻是前世的冤、兒女是前世的債」。極少數無法生兒育女的夫妻，他們是累世有修，乘願再來，或是佛子佛女私奔下凡，他們是沒有兒女的債！我說這話，應該瞭解我話中的真義，絕不是那些荒淫的飲食男女，不負責任的作為，那是完全兩回事情。一些懶惰的傢伙，還厚顏無恥的，搬出孔老夫子的話說：「食色性也」。他們真的瞭解這句話的真義嗎？不要說是一般人，就連學佛修道的人，也大多搞錯了方向。

「食色性也」這句話，一般人望文生意，認為飲食男女之事就是性，這種解釋是錯誤的。

四書是聖學，是有其精意的。食這個字，古字食通飼，是養的意思。色是虛無的，本身是看不見的，必須有光才有色，五顏六色是在有光之下才顯現的，如果是黑暗一片，什顏色都沒有的。

色在人身上的位置是在兩眉之間，我們說這個人氣色很好，叫氣宇軒昂，鴻運當頭，或是某人額頭暗嘿，氣色很差，運勢衰敗！好的氣色，從哪裡來，孟子養氣與知言章說：「吾善養吾浩然之正氣」。如何養氣，性又是個什麼東西，達摩祖師在血脈論中，打了一個啞謎，說：「性在作用」。孟子說：「人性本善」。後人搞不清楚，說人性有善有惡，這不是學術知識討論，而是要回歸問題的本質。

人性本善，是指人的靈性，良知良能，不學而知，不識而智，能夠達到明心見性，就是那個境界。天性是大慈悲憫，但人出世後，眼耳鼻舌身意六根開啓，受外物誘惑，加上累世的因緣和業力，才出現所謂的善惡。這是人心用事，有分別和執著。可見性是指天性，心是指人心，兩者不同，這是十分清楚的。「食色性也」這句話，就是孟子所謂養吾浩然之正氣，在修身方面就是和顏悦色，在氣蓋上就是英雄本色。如果能夠看到這一層，我們就能療解道在自身，並不需要拔山涉水，苦苦向外追尋了。

如果還昧著良心去作奸犯科，損人而不利己，這與禽獸無異，是血心用事，這就是地獄的種子，為天理所不容的。人如果懂得這個簡單的道理，明白天律森嚴，看誰還敢使壞。故：「食色性也」這句話，是在講養身和修行之道啊！孔子曰：「君子有三畏，畏天命，畏大人，畏聖人之言。小人不知天命，而不畏也，狎大人，侮聖人之言」。你可別幹了壞事，還拿聖人墊底，那可是罪加一等的。

我反省自己，發現我賭性很強，不但跟自己的命賭（現在知道是自己的妄想），而且還跟佛對幹。各位可別會錯意了，以為我沒把兩個女兒教好，其實她們從小到大，從來沒有讓我操心過，學業成績中上，要比我當年的成績要強十倍，我不敢再多做要求，家裡的家事，諸如洗菜洗碗也都能聽我發號施令，把它做好。高興時，還會幫我搥背，出國會幫我買衣服，下班會幫我買素食麵包，經常帶杯珍珠奶茶給我喝，冬天裡會主動用面乳幫我塗抹手腳，人生何求，我只得趕快說聲：「謝謝」。

有次我和朋友到佛光山玩，佛光山有個投下十元硬幣，即可落下一張籤詩的遊戲，一般人求籤，都是求名求財，問前途問姻緣或是問病，我當時心中對佛祖說：「今天我什麼都不求，看你怎麼回答我」。十元硬幣投下後，跳出一張籤王，上面寫著：「說柔軟語，做慈悲事，行忍辱法，修大乘道」。看完之後，我對佛祖說：「你行」。

師父曾傳給我一張種子方，可以生兒子的，我結婚後，從未使用過它，心想一切順其自然就好。其實私下也想賭它一把，我不相信我沒有兒子，可是事與願違，連續生下兩個女兒，小女兒出世後，老婆曾對我說：「我們再生一個好不好？」生孩子不關我事，可是養孩子卻是很累人的，我說：「算了，不要了」。師父也曾對我說：「房先生，你沒有兒子，再生一個兒子，我請一位大佛祖，投胎到你家裡」。我立刻回絕了。人家請師父取個名字，都喜不自勝，我卻連迎接佛祖到家裡的殊榮都加以拒絕，人家是求都求不到的事，我怎麼會那麼傻呢？這可應了我老媽的那一句話：「心比天高，命比紙薄」。

目前社會上，青年男女，大都晚婚，甚至不想結婚，意圖輕鬆愉快。

其實不結婚成家，人生才過了一半，嚐不到天倫之樂。單身漢那顆心，始終是漂泊不定的。平日工作很忙，不會有感覺，到了放假日，看到別人回家，有家庭的溫暖，此刻才會感到孤寂。你不要以為，兄弟姊妹有了孩子，也算自己的孩子，其實那不是你的親骨肉，你仍然是在做客，始終就是個外人。在人生的旅途上，找個可以依靠的伴侶，那才是正道的人生。

晚婚的朋友，急著想要一個兒子，現在把種子方開列給你，藥單如下：

當歸三錢、黨參三錢、杜仲三錢、玉竹三錢、桃仁三錢、枳売三錢、枳實三錢、破故紙三錢、黃耆三錢、沉香三錢、丹皮三錢、沒藥三錢、紅棗三枚，四付煎服

此方在月經前一星期服兩劑，月經淨後服兩劑，在月經淨後第三日晚餐後，夫妻必須先共同以五花豬肉燉蓮藕，煨極爛成湯服用，二十分鐘再服用此方，是夜行房，種子速效。如果能事前謙誠的向窗外的天公鞠三個躬，或行跪拜禮，許個願，那會更好。

各位能夠那樣的謙卑順服，行周公大禮傳宗接代，為國儲才，我就再送各位一項大禮。

現在醫美很盛行，除了拉皮、削骨、隆鼻等手術不說，皮膚美白，就是第一等重要的大事。俗話說：「一白遮三醜」。其實嬰兒在娘胎裡，就可以做先天的美白功夫，出生以後的皮膚又白又嫩，終身如此，可省掉許多保養的費用，而且會令同儕羨慕不已。方法是：婦女懷胎三個月開始，每天早晨用茶杯裝進蛋黃一個（不要蛋白），加一湯匙的黃色砂糖（二號特砂），沖熱開水攪拌後服下，直到生產前一周為止，包準你的鳳胎龍子，皮膚白白嫩嫩。

我讓太太實驗後，確實有效，大女兒就是個樣板。

懷孕生子傳宗接代

賴先生是我家的鄰居，有天帶著他的姊姊來找我看診。賴小姐結婚六年，苦無生個一男半女，我問她說：「月經正不正常？」她說：「正常」。又問她說：「以前曾經有懷過孕嗎？」她說：「剛結婚的第一年，曾經有懷過孕，後來流產了，以後再也沒受妊。看過很多醫生，吃了很多藥，做了幾次人工受孕，但是都沒有成功」。我鼓勵她說：「妳可以生育的，只要調養好身體，就有機會懷孕了，現在幫妳把脈」。

賴小姐的脈象是心腎兩虛，我對她說：「天冷時，妳一定是兩腳冰冷吧！」她笑著說：「冬天都是我老公幫我暖腳，否則睡到天亮兩腳都是冰冷的」。我說：「妳這個病是胎寒，當然不能受孕，子宮之所以稱宮，就是要溫暖舒適，王子公主才會有機會進住，妳是胎寒，他們就拒絕往來了」。藥方如下：

人參一錢、白朮一兩、巴戟天一兩、杜仲三錢、芡實三錢、山藥三錢、菟絲子三錢、破故紙二錢、肉桂二錢、附子三分，六付煎服

此方溫心補腎，須連服一月，心腎生火，則胎寒自散，方能受孕。三個月後，賴先生跑來告知說：「姊姊懷孕了」。我趕快寫下一份安胎方，囑其拿去給他老姐每週服用一帖，否則很容易流產，因為以往有流產過的經驗。

第二年，賴小姐生下一女，夫妻倆十分歡喜。她們是做睡衣外銷的，一次送我兩套睡衣。賴小姐問說：「可不可以再生個兒子？」我說：「妳們夫妻要分房睡，就有機會」。

此事引起我老婆的興趣。有天下班，她一進門就說：「你能叫德芳懷孕了，我就相信你這個中醫」。德芳是老婆的同事，結婚多年也沒有生育，在醫院作人工受孕，一次就要六千元，當年是很貴的，而且還是很受罪的！我立刻打電話叫德芳夫妻倆晚上一道來，因為不能生育，有時是男人的問題。

小郭是現役軍人，戴付眼鏡，長相斯文，我先幫他把脈，胃脈弱命門火衰，藥方如下：

人參一錢、白朮五錢、巴戟天五錢、山茱萸五錢、淫羊藿三錢、山藥三錢、菟絲子三錢、補骨脂三錢、枸杞子三錢、肉桂五分，六付煎服

此方健脾胃之土，能袪寒濕，壯命門之火，再利腰脊之氣，故能助生兒女。

然後幫德芳把脈，肺虛胃弱，遂問她說：「是不是有點胸悶，胃口也不好？」她說：「一向吃得不多。」我說：「妳脾胃虛寒，後天失調，必須溫補脾胃。醫書上說：脾之母在命門，胃之母在心之胞胎，妳自顧不暇，怎麼可能受妊？」藥方如下：

人參一錢、白朮五錢、巴戟天一兩、覆盆子一兩、山藥五錢、神麴一錢，十付煎服

此方補脾胃，實能溫補命門和胞胎，命門火旺，自能飲食多且善於消化，氣血日盛，帶脈有力，才能受孕。我告訴他們夫婦說：「你們想生兒子，人幫一半，天幫一半，最好到佛堂求道。求完道後，菩薩定能幫忙的，你們看如何？」他們說：「好」。

週日，即帶他們夫妻到道場求道。小郭求子心切，每晚臨睡前，面向窗外，叩頭三百下，然後才去睡覺。

三個月後的某天，老婆下班回家，進門就說：「德芳一上班就告訴我一個好消息，說她懷孕了！」我立刻打電話叫小郭晚上前來拿安胎方，好不容易懷孕，要避免流產。

第二年，小郭抱著滿月的兒子到我家來道謝，並要求我認其子為乾爹，我予以挽拒。他為了感謝我，居然把其兄送給他的一幅用毛筆抄寫的心經轉送給我！

此幅書畫彌足珍貴，因為他老哥是位殘障人士，未婚，在工廠工作，經常受人欺凌，為了解悶，自行練習書法，這幅書畫是大年初一，一個人在家，孤寂苦悶之下完成的，其情堪憐。

我把它掛在客廳，經常望著它，用來激勵自己，做人要積德，做人要爭氣！

附記：婦女不孕，原因有十，我只看過五位，三人成功，兩位失敗。

婦女子宮癌有救

當年跟隨師父學醫，看到師父醫治頭痛嚴重的病人，在病患兩側鬢角前的客主人穴道用長針直刺，師父說：「這要下針精準，兩邊的針尖可以對針尖」。看到此一幕，我心裡就害怕，我一輩子也不敢如此對病人下針。師傅看出我的膽小，耐心教導，不斷的鼓勵我說：「秀才學醫，籠中捉雞」。話雖如此，我仍然是處處小心，時刻謹慎，絕對不敢造次。

五年後，師傅叫我開始行醫，並叫我印張名片。我問師傅說：「我所學的中醫有沒有門派？師傅為我寫下：「崑崙理數針灸五代嫡傳，香港中醫師張繼豪授徒」。

師父出國前，為了使我安心，把他隨身攜帶的一個藍色小筆記本，上面記載著行醫多年的經驗方交了給我，並告訴我說：「平時多翻閱這個筆記本，如果有疑難雜症，可以以此作參考，會有很大的幫助」。師父還告訴我說：「買一套陳修圓醫書好好研究」。我因公務繁忙，都沒有照師父所交代的話，確實做到。

師父從國外回來，偶爾會丟給我一個天醫所開的祕方，叫我好好的保存，以方便救人。師父說：「學醫之人，命中要有天醫星正照，自己心正行正，再加努力學習，定可成為一名良醫」。師父自己謙卑地說：「上天有十大名醫，兩個是外科醫生，天醫曾對我說：你那點醫術，只學到一點皮毛」。所以師父要我醫道並行，多行功立德，多下功夫，如能得到天醫的垂憐，必然可以使大道弘展！

有次師父丟了一個藥方給我，我問道說：「這是醫什麼病的！」師父說：「是醫子宮癌的！留著它管用」。

事隔半年，有位從美國回來的道親史小姐，前來道場找我，陪同的朋友說：「她已經是子宮癌末期，醫生說最多只有半年，這次回國，是回來處理台北的家產，並安排後事」。我看到她滿面哀戚，告訴她說：「妳沒事，有救了。半年前師父回國，就留了一份天醫所開的子宮癌藥方給我，妳來得真巧，現在正派上用場，也不用把脈了，我把藥方直接抄給妳，妳可以安心地服用。記著，每天向觀音菩薩叩一千叩首，病好之後，要好好的行功了願」。藥方如下：

延胡索四錢、苦丁茶三錢、葛根四錢、款冬花三錢、路路通四錢、蒼耳子四錢、冬蟲草二錢、通草三錢、白朮四錢、王不留行五錢、川芎四錢、續斷四錢、山豆根四錢、紫金皮四錢、坤草五錢、枳殼三錢、枳實三錢，六帖煎服

史小姐家庭富有，第二天就坐飛機去香港抓藥，之後我也沒太注意此事了。一年後在台北東區的公車上，史小姐坐在後座，她看見我上車，特地上前來向我道謝，說：「現在沒事了」。我真為她感到高興，也祝福她永遠健康快樂。

皮膚搔癢的特效方

皮膚搔癢症雖然不是什麼大病，但是得了這個病的人，搔癢鑽心，全身抓得是皮破血流事小，那種坐立難安，恨不得要拿錐子來錐，拿火來熨燙才能寬心。

中醫治療皮膚搔癢症的方法很多，但是臨床須要辨症論治，找出病因，諸如血熱生風，就須要清熱涼血、血虛生風，就須要滋陰疏風等等。但是對於許多使用中西藥都無效的病人，病情長期纏綿，那是非常痛苦的。我聽人說：「西醫對於治療皮膚病和咳嗽，比治療癌症還難」。不知真否？

師父傳給我一份專治皮膚病的藥方，師父說：「對日抗戰期間，我就憑藉此方，在湖南、江西、廣西、廣東四省行醫，治愈了一些痲瘋病人，被人稱為神醫」。又說：「是凡皮膚病，試用此方不效，大概就真的沒有藥可醫了」。現將藥方公布如下：

苦參一兩、玄參一兩、金銀花一兩、懷山藥一兩、生地八錢、赤芍五錢、丹皮五錢、生梔仁五錢、菊花八錢、浮萍八錢、夏枯草八錢、澤蘭六錢、川連五錢、黃芩五錢、皂角刺五錢、紫草五錢、紅花四錢、白芥子三錢、錦黃二錢，六付煎服

此方以苦參為君藥，能清熱燥濕，殺蟲止癢，重用玄參退浮游之火、金銀花清熱解毒，生地赤芍涼血，丹皮瀉陰火破積血，山藥健脾補肺，夏枯草清肝散鬱，菊花梔子清熱，浮萍澤蘭行水利濕，川連清心，黃芩清肺，皂角刺搜風殺蟲直達患處，紫草解毒清腸，紅花通經袪瘀止痛，白芥子利氣豁痰，錦黃瀉熱毒蕩積滯，藥多辛溫苦寒，心肝脾肺腎五臟及大小腸均面面顧到，故能治病。

現隨舉一例。話說十年前，我的岳父因車禍過世，為了安置岳母，吾妻在住家前面買了一户公寓，當時手頭沒有現金，頭期款是小姨子抱著壹百多萬現金幫忙陪同前去訂約，一個月後，吾妻的銀行定存到期，才付上二期款，並歸還小姨子的借款，尚差柒百多萬就向銀行貸款。待大舅子回國後，他立刻將銀行貸款付清，但在我面前炫耀說：「有幾個人能有這種魄力，一口氣拿出柒百多萬的？」當時我沒吭聲，心想：「買房子是給你媽住的，是你應該負責的，而我們會慢慢還清你的借款，少在我面前擺譜，等著瞧吧！看你哪天來找我？」驕傲的人，最討厭別人的驕傲，我就與他保持距離。

記不清楚是某年某月某日了，我那大舅子全身瘙癢不止，跑遍台北各大醫院，也找過中醫師看過，都沒有見效！我聽說後，就當沒有聽到。最後他實在熬不住了，終於向吾妻開口，要來我家請我幫忙看看。

不管怎麼說，彼竟還是親戚，我還是客氣的款待。看到他掀起衣袖，皮膚上被抓得血痕斑斑，我就知道這滋味是受夠了。我當然知道是怎麼一回事。

回想當初，師父知道我這個人是桀驁難馴的小子，對我是採取放牛吃草，且循循善誘的態度，他老人家待我是特別客氣，稱呼我為：「房先生」。從國外回來，還買衣物送我，始終以朋友相待。

當初我在道場求完道後，並未修道和清口，是照常抽菸喝酒吃肉，而且特別愛吃魚肉，炸酥的小魚，我是連骨頭和魚鰭魚尾都嚼爛一起吞吃的。師父知道後，告訴我說：「現在河川汙染嚴重，在水中的生物是第一個受害者，牠們吃下這些毒素留在體內，人們喜歡吃魚蝦海鮮，再把牠吃回來，就會生出許多怪病。你以後吃魚，就粗吃點魚肉，千萬不要在細啃骨頭和吃魚頭，以免中毒」。這話我愛聽，立即改正吃魚的方式，並且盡量少吃魚蝦海鮮。

就是因為有了師父早年的提醒，我直接了當的對大舅子說：「脈也不用把了，我師父傳給我一份專治皮膚病的藥方，對治皮膚敏感，周身紅腫，發燥痕癢，癘邪風毒和痲瘋病等均能有效治愈。我用這個藥方，曾經治好了多位皮膚瘙癢始終醫不好的病人，非常有效，現在照抄給你！你照方抓藥就好」。

我接著說：「這藥難以入口，雖是恨病吃藥，若是吐出來，也要把它再吞回去。藥開六帖，吃三帖可以休息一天，再繼續把三帖藥吃完，每一帖藥煎兩次，頭煎於睡前服用，次煎於第二天早餐後吃完，剩下的藥渣煮水，晚上洗完澡後拿藥湯來擦拭身體，可以幫忙止癢，在服藥期間，要忌吃辛辣煎炸食物」。他拿著藥單道謝後離去。

一週之後，大舅子打電話來說：「這藥真靈，吃完六帖藥後身體真的不癢了！」我說：「恭喜啦！以後少吃點海鮮吧！你心臟不好，肥肉也要少吃，就吃點紅肉吧！」。（現在是紅肉也要少吃，添加了瘦肉精，這是哪門子的功夫呀！）

附記：

民國八十八年九月十六日，中國時報特派記者張平宜小姐發表了一篇調查採訪，標題是：「渴望的眼神，令人心碎！」副題是：「大陸痲瘋村與文明隔絕數十年！這裏的孩子跟著傷殘的父母過著沒有未來的日子」。

文中訴說：「五十年來，大陸痲瘋病患高達五十萬人，多被收容在川滇邊境人煙罕至的窮鄉僻壤的深山之中，過著與世隔絕自生自滅地生活，一切仍停滯在無水無電和刀耕火種的原始社會，村內的病人以無家可歸的老殘病人為主，遭疾病侵襲，有人眼瞎，鼻殘，五官嚴重扭曲變形，有人則斷手斷腿，只能在地上匍匐爬行，他們身上衣衫襤褸，容顏蒼涼悽苦，受盡日以繼夜的折磨。村內痲瘋病人的孩子，除了集體户口外，背負著痲瘋病人子女的宿命，走不出痲瘋村，生命被拒絕在文明社會之外！」

張小姐大發悲心，放下身段，拋棄高貴且奢華的生活，全心投入痲瘋村建校，讓山區下一代的孩子有接受教育的機會，為了早日實現理想，飛機過境香港，看到熱騰騰香噴噴的廣東粥，自己饑腸轆轆，也不願坐下來吃，因為一碗要四十元人民幣，就是山區學生一個月的飯錢。她發出豪語：「這是一條不歸路，但我一定會繼續走下去！」

我當時看到這篇報導，就很想把手上的這個藥方寄交中國時報，但是想到自己人微言輕，別人未必相信，又怕被譏為沽名釣譽，遲遲不敢出手。

轉眼間十多年就過去了，不知道令人尊敬的張小姐至今是否安好？

如今我已老矣，萬緣放下，一切得失毀譽早已看透，出示此方，是為了避免失傳。

前年郭台銘先生捐資百億，贊助台大成立基金研究癌症，去年再出資五十億投資醫藥生技。我想請郭董是否可以帶頭播點餘錢？投資在中醫中藥方面，最起碼這是老祖宗留下來的遺產，不能斷送在我們手裏。至於以此藥方救人則請大善人標哥——陳光標先生出資購買藥材，去救助這些苦難的痲瘋病人，分批重點實驗，個人服藥十帖，爾後用藥丸長期服用，逐漸治愈痲瘋病人，我引領企望。

路是自找的
KEEP WALKING夢想資助計劃
得獎報導

痲瘋村建校 張平宜造就意外人生

林倖妃／台北報導

脫下名牌服飾和跑車、捨棄既有事業，需要多大的勇氣？對堅持為對岸痲瘋村病患子女建校的張平宜來說，只在一念間；轉念不但是造大夢的原動力，也為她帶來意外的人生。

轉念之間 開啓重建夢想

獲得第二屆《Keep Walking夢想資助計畫》最高獎額一百七十萬元的張平宜擔任記者長達十二年，期間獲得吳舜文新聞獎以及金鼎獎等大獎，事業有成、家庭幸福，開跑車、著華服，人生是如此唾手可得。一九九八年，上天將她送進大陸痲瘋村，生命的苦難盡現眼底。

舌戰高層 學校燈亮水通

因為「痲瘋」，病患遭流放，飽受折磨和凌虐，人，不被當成人看待，孩子也沒有身分，只是「活著」，存在天地間，這些深深震撼當時已有兩個孩子的張平宜。

隔年台灣九二一大地震，深入災區採訪的她看遍「無常」，也感受到台灣民間力量的偉大，深埋在心中的種子，瞬間生根發芽。

因為發現生命的脆弱，張平宜毅然採取實際行動，單槍匹馬跨海深入中國大陸，從雲南、四川到廣東，走遍二十餘個痲瘋村。

聽說在四川涼州有個專為痲瘋村病患子女籌設，半官方的大營盤小學，她興匆匆趕往，眼下出現的是破爛教室內七、八十個學生站著上課的景象。

當台灣忙著為九二一災區重建時，張平宜辭掉工作，在對岸開啟她的重建夢想，「為孩子打造一條希望道路」，靠著她擔任記者時所受到邏輯思考訓練以及伶牙俐齒，不惜和政府官員扯開嗓門大吵特吵，爭取到當地第一盞燈在學校亮起，爭取到從八公里外的山上一路蜿蜒入校的水管。

在台灣的張平宜則放下身段，鞠躬哈腰賣蠟燭籌款，四年內不過賣一百萬元，但她的誠心和誠意感動許多人，前教育部長曾志朗夫妻即是其中之一。張平宜也不負所託，一本本蓋滿入出境章的台胞證是一趟趟萬里迢迢的路程。

省吃儉用 打造希望工程

意外的人生，令張平宜不再是愛打扮、愛逛街的「張平宜」，日前從香港機場等待轉機回台時，飢腸轆轆的她眼巴巴看著香噴噴、熱騰騰的廣東粥，徘徊將近一小時，卻怎麼也捨不得坐下來吃。「一碗粥四十元人民幣，就是一個學生一個月的飯錢。」金錢不再是數字，蘊含的是生命的期待。

「這是人權的希望工程」，張平宜向家人求得十年的時間，要去打造這條艱辛路。她十一歲的兒子前年背著三十餘隻大小恐龍模型，去為大營盤的孩子上恐龍課、去年準備十個飛盤，喜滋滋踏上旅程。「孩子眼神從呆滯到閃亮、臉上也出現笑容」，張平宜說，看著孩子心滿意足地吃飯，她常常忍不住別過臉偷偷流淚，「這是條不歸路，但我一定會繼續走下去」。

▲張平宜探訪四川省彝族自治區各地痲瘋村小學，入境隨俗，穿起彝族傳統衣服，與學童打成一片。（林國彰攝）

膝關節疼痛的治療

劉老師在社區開班教英文，我因為自己學了一輩子的英文，花了不少時間，繳了不少補習費，還買了不少的書，都沒有把英文學好，這是我十分不甘心的。我曾經懷疑過自己是否有語言障礙，後來發覺不是，因為我在香港工作四年，就能用廣東話和朋友聊天（當然沒有那麼標準），因此到老還有學習英文的機會，我就去報名參加學習。

劉老師年輕的時候留美，他的英文真的很棒（起碼在我所見的老師當中），曾經有人邀他做軍火掮客，他不愛錢，並認為那是殺人的武器，而加以拒絕。中美斷交之後，孫運璿院長邀請他去支援沙烏地工作，他起先不願意，孫院長對他說：「你是黃埔軍校出身，對自己要有個交待」？他聽從孫院長的話，犧牲了自己的事業，支援沙烏地為國家做出了貢獻。退休後，他曾到大陸探親，到北京遊覽時，發現一套中國現代名醫醫案精華一共六冊，認為內容很好，徵得大陸醫家的同意，帶回臺灣，將簡體字全部改寫成正體字，然後自費印刷出版，只收工本費而已。

之後，他發現台灣一般人學不好英語，是不敢開口說英語，並認為發音也不正確，遂自行研究出一套英語發音及會話的書籍，書名是「中美雙語大橋發音工具箱」，會話部分，用三種語言，國語、粵語、和馬來西亞語（因為她的女兒嫁到馬來西亞），並請人配音製成光碟，此刻才在社區開班教授英文。

我以為他該滿足了吧，不是，他的書法很棒，每天又安排出時間，練習書法，還準備出一本書法字帖，一個將近八十歲的老先生，如此驚人的奮鬥精神，真是令我驚嘆不已。

我一輩子學英文沒學好，但是有一點值得安慰，我從不缺課，直到學期快要結束，劉老師才對我們說：「我膝蓋疼痛很厲害，到醫院看診拿藥，都沒有什麼效果。過年前，準備要去香港，回大陸探望老母親，可能不能成行」。這時，我才告訴他說：「我學了一點中醫，現在幫你把脈，回去開藥單，再送來給你」。劉老師說：「你怎麼不早說」？我說：「我只懂得一點點而已」。藥方如下：

熟地五錢、山茱萸一兩、白朮五錢、巴戟天一兩、薏仁五錢、茯苓三錢、金釵石斛三錢、萆薢三錢、附子一錢、防風一錢、牛膝三錢

六帖煎服

劉老師去香港，轉到廣州，沿途都在煎服中藥，他的堂妹在廣州是經營中藥批發商，更是拿上等藥材幫他煎藥。他回到家鄉，是嫡傳長子掌門，族人都前來探望，他教叔伯兄弟大家開始種樹，做環保綠化森林，十年後就可以伐木賺錢。這證明他很有遠見，真的很有智慧。

回國後，劉老師打電話來謝謝我，說：「你開得藥方不錯，我這趟回大陸，還去馬來西亞，膝蓋都沒有痛過」。我開心一笑而已。

膝關節積液的治法

前年春天，我左小腿開始有點腫脹，我並不為意，因為過去曾聽老人家說：「男人怕腳腫，女人怕臉腫」。意思是說，男人腳腫和女人臉腫都是大病，病情嚴重，可能危及到生命！而我只是一隻腳有點腫，過兩天可能就沒事，應該沒有什麼關係的。

一週後，我的小女兒眼尖，發現我的小腿腫大，驚呼大叫，引起全家人的注意，當晚幫忙用電腦向醫院掛號，第二天全家護航，找心血管科主任看診，我以為請醫生開點藥回家吃就好，主任說：「你這個腫脹若是血管破損，血塊回流到心臟，會危及到生命的；如果發病，你回到家中，叫一一九可能都來不及的，現在讓你住院，方便做各項檢查」。家人都看著我，我只能聽從醫生的指令。

經過X光照片、都普勒（血管攝影），都沒有發現問題，然後會診骨科，再做電腦斷層，骨科主任看完照片後，對著實習醫生興奮的說：「你們看，這是典型的膝關節貝克囊腫破損，是教學最好的教材」。我在一旁哭笑不得。

在醫院住了四天，吃消炎止痛藥加胃藥、絕對臥床、外加彈性繃帶使用，腫消不少，但是副作用是兩腿的皮膚痕癢不止，醫生又開乳液，塗抹止癢。

第五天早上，心臟科主任前來查房，對著我說：「你是骨科的病人，佔著心臟科的病床，會診骨科，骨科主任表示你這個病沒有特效藥可醫，如果一直不好，嚴重就要開刀換膝關節，我現在把你的腿腫已經消了大半，你看下一步應該怎麼做」？我說：「謝謝主任，我現在辦理出院，如果真的病發嚴重，我就去掛骨科門診」。醫生幫我開了些消炎藥，帶回家繼續服用。

回家真好，但是我太太滿面愁容，她心裡一定是這樣想：老公這病沒有藥醫，如果哪天真的要換膝關節，老來的日子就很難過了。

多年來，由於我看書有個習慣，喜歡在書上畫線，做出標題，方便以後查閱。於是我購買了許多大陸中醫書籍，像四川中醫院院長李斯熾醫案，廣州中醫院院長的醫案，以及許多名醫的醫案，邊看邊畫。很幸運的，在李可老中醫急危重症疑難病經驗專輯中，第二百七十頁，看到膝關節積液的四種治法，我拿給我太太看，讓她安心，並且告訴她說：「我有辦法醫好自己」。

我將書上此段內容反覆研究，找出自己最相近的病徵，然後依照書上所開的藥方，稍做調整，藥方如下：

黃芪一兩、熟地一兩、山藥五錢、山茱萸一兩、茯苓三錢、澤瀉三錢、丹皮三錢、牛膝三錢、車前子二錢、蒼朮五錢、豬苓三錢、菟絲子三錢、骨碎補五錢、枸杞子三錢、淫羊藿三錢、附子三錢、肉桂二錢，六付煎服

此方即桂附地黃丸為底，重用黃芪補氣，加腎四味補腎治腰，用牛膝引藥下行，蒼朮豬苓車前子等除濕利水而已。表面上看，似未治病，其實大補心腎，調整體質，服藥後不但治好膝關節腫脹，而且把原先的腳腿痛的毛病也一併治好。

事後回想，我怎麼會得這麼一個怪病？由於體質虛寒，並且犯了兩項錯誤：一是因為之前左側大腿和膝蓋到小腿都痛，我用針灸治療，自己下針，為求速效，在下針委中穴時，我用長針從旁邊委陽穴斜進透刺委中，而且是用強刺激，可能刺破了滑囊。二是家中存有一盒大陸親友所送的長白山野山人蔘，我心想此藥價格萬元以上，放久會壞，不如趕快用掉，我將他分做五份，加入我的藥中，大補特補，可能是補過頭了。這個教訓，告訴自己，老人家的話說要聽：「病來如山倒，病去如抽絲」。有病是急不得的，更不能亂補一通。花錢事小，補出了毛病，是自找罪受的！

在此要特別推崇李可老中醫師，他早年受政治打壓，在逆境中刻苦學醫，自稱是赤腳醫生，在山區為急救病患，能親自幫忙煎藥，守住病患兩三天，直到病人脫離險境才離去。放眼看去，今天哪裏去找這樣的醫生啊！老醫師白天幫人看診，夜晚苦讀中醫書籍到深夜，一生推崇醫聖張仲景，並研究出急救病危的大藥。老醫師不掠他人之美，說明此藥是收集前賢所開的藥方，自己再做增添調整而已。書中教導後學學習中醫，每個醫案都清楚分析，欲使學習中醫者能徹底明瞭，最後老醫師再三勸勉後進，苦口婆心，要將中醫發揚光大。老醫師的這本書，是我看到近百年來的中醫書籍最棒的一本。

李可老醫師，不幸於去年春節前病逝廣州。從網路上得知消息，令我難過不已。哲人日已遠，典型在宿昔，我仰望晴空，含淚鞠躬三拜。

閃腰的針刺療法

這篇報導，曾經於民國七十七年刊載在針灸學會第十九期特刊中，當年針灸學會除頒發獎狀外，並聘請我為指針研究委員會的委員。

我得到師父這套針法的真傳，曾經幫助過十餘位閃腰的病人看診治療，立刻解除病患的痛苦，當場使他們行動自如，現隨舉一例如下：

周先生是某航空公司的安全人員，有天他上班時，向其武術教頭關先生訴苦說：「我老婆閃腰，不能動彈，躺在床上已經三天了」。關先生說：「你也不早說，晚上我和你把你老婆扶到我們的道親房先生家，他立刻就能搞定」。

當晚老關和周先生周太太一起來到我家。周太太膚色較黑，但挺漂亮，我請她彎腰，她說：「不能」。再請她轉身，她說：「不可以」。遂叫周太太趴在床上，並請周先生在旁邊幫忙。

首先要找的第一個穴道，我請周先生用兩手的中指，抱住他老婆的腰部，從肚臍向兩側繞一圈到腰脊的中點，正對肚臍，就是命門穴。我用五分短針對準穴道，從骨縫只下三分深，周太太感到痠麻即止，然後成等邊三角形，往下針兩側大腸俞，依次再往下針兩側關元俞，兩側秩邊穴環跳穴承扶穴，到委中穴。用毛巾蓋上她的腰腿，留針十五分鐘。時間到，由委中穴依次往上起針，最後起針命門穴時，令其做深呼吸，吐氣時出針。

周太太起身後，我請她彎腰，她立刻能彎，再請她左右轉身，也都能轉。周先生在旁邊說：「妳是玩真的，還是玩假的」。周太太說：「現在真的可以動了」。我請周太太再趴回床上，為她在腰部敷上跌打傷的藥膏，用膠布貼妥。起身後，又在其右手手肘的曲澤穴與手三里穴的中間，即是腰痛點應上一針。

第二天晚上，周氏夫婦再度前來，周太太說：「我今天到美國學校去教課，對學生們說，我昨天遇到一位神醫，把我腰痛躺在床上三天不得動彈，用針灸立刻治好」。我笑著說：「這是我師父傳給我的針法，我只學到一點皮毛而已」。周太太為了要周全起見，要我再下一次針，再敷藥一天，這樣才比較安心，我順著她的心意，重複做了一次，她們高興地離去。

從久病中悟道

徐先生畢業於美國德州達拉斯市的南美以美大學法學院，取得法律博士學位，在美執業律師三年，從事國際商務方面的工作。之後，回台在法律事務所及商業集團擔任法律顧問的工作。由於根性不泯，對這個世界這些文明產生極不相容且非常排斥之感，加上律師工作常常接觸到眾生的煩惱，尤其感到不平，不能適應人性的問題，自己卻力不從心，也不能適應，事業不順，所以產生離世遁世之念頭，最後終於決定辭掉工作，去尋找生命的意義，企圖找到心靈安適之地。

也許是因緣巧合，在捷運上遇到舊時在商場上好友賴先生，兩人相談甚歡，由賴先生介紹來到場求道。徐先生當時身體虛弱，體力很差，體重急速下降，由七十八公斤一下掉到五十九公斤，經西醫診斷疑有「食道癌」或「喉癌」（西醫一致認為，體重急速下降即是免疫系統紊亂，是癌症的高危險症候群），當時他是萬念俱灰，面色濁黑。求道儀式完畢後，我幫徐先生看診把脈，他脈象尚屬平順，只是胃脈感到較為弦滑，舌苔稍黃，觀其下顎，起了幾粒粉瘤而已！我當即告訴徐先生說：「你沒有什麼大病，只是鬱氣集中在胃，是為土鬱，我現在開藥給你，回去好好做功夫，清心修道，也要恢復正常工作，一切都會沒事」。

徐先生說：「我不只是在下顎長瘤，手臂和全身都有，據西醫說：「這種神經性纖維瘤為遺傳性，它不痛不癢、沒有感覺的」。

我回答說：「西醫有西醫的理解，中醫有中醫的看法。孔夫子曾說：『斯人也而有斯疾也』，意思是說：你就是這樣的一個人，才會得這樣的病，反過來說，你得了這樣的病，也一定是這樣的一個人。我曾經醫好過臉頰上長了一些粉瘤的病人，得了這種病的人，一般個性堅強，做事負責，且富有正義感，不會同流合汙，但是這個社會龍蛇雜居，水至清則無魚，人太過孤傲則難以合群，必定事業不順，遭受周遭打擊，把鬱悶放在肚子裡，久則鬱熱成痰，就是這麼一回事。你這個病到今天也不是一兩天了，積了好多年了，情況比較麻煩一點，雖然如此，還是那句話：全身放輕鬆點，調整自己，淡泊心志，儉樸過日，建立起自己的自信，以欣賞的角度去看這個五花八門的社會，不要跟自己過不去，鬱悶化火，是會加重病情的」！開方如下：

人參一錢、白朮一兩、茯苓一兩、甘草五分、半夏一錢、陳皮五分、車前子三錢、柴胡一錢、丹參五錢、麥冬三錢、菖蒲一錢、遠志一錢

粉瘤是痰氣鬱結而成，一般消痰用藥容易損胃，使氣愈虛，用「六君子湯」補氣和中，燥濕化痰，補心生胃，麥冬清心，菖蒲遠志開心竅，柴胡舒肝，車前子利水，丹參活血祛瘀，功同四物，所以藥能湊效。

徐先生服藥後感覺良好，也恢復了工作，再去醫院複診，確定並無癌症。一年後徐先生轉赴大陸工作，我們失去了聯絡。最近在台北偶然相遇，一起吃個飯，談談近況。

徐先生告知：現在已經退休，在家裡照顧九十多歲的母親，至於身上的粉瘤，沒有消退，也沒有繼續增長，雖然會引起別人異樣的眼光，但是老婆可以接受。長期的疾病使他感悟頗深，他說：「每個人身上都存有癌細胞，癌細胞非不良，是我們要學習和它和平共存，自身疾病加重，免疫系統瓦解，癌細胞才會增長擴散，癌症發病是與人的個性（慣性）有偏差，執著的因，與未放下，不甘心，遺憾和憂恨情仇，遇到惡緣而爆發的」。又說：「慣性不能控制，一切往外看，使人忙不過來。我們為什麼會生氣，是自己的喜怒好惡。當內心無明不安，是良心在動，往外看實在太累人了。先總統蔣公有幅聯語：窮理於萬物始生之處，研機於心意初動之時。人要往內觀照，看到自己的起心動念，做好本分，求取心安」。又說：「這些年，我看過不少經典和靈學方面的書籍，發現答案是問題，問題是答案。比較喜歡的書籍是老子道德經、清靜經、佛教的心經和六祖壇經、還有彌勒真經。其實修行並無出世和離世，就在生活之中」。

看到他仍在苦苦地追尋，我說：「修道不是在求取知識，而是著重在踐行，知識太多反而會造成理障，踐行是慈悲度眾，度一切苦厄。佛家講明心見性，要明心見性之前，是要一切放下的，放下一切，無私無欲，包括那個追求明心見性的心，一切順其自然，才能真空生妙有」。他點頭稱是。我說：「老前人過去經常提到孔老夫子第一句話是：「大道之至極也，雖聖人亦有所不知，雖愚夫愚婦皆可行也」。你明白這句話的意思，就去多做叩首的功夫，對於你的身體也會有很大的幫助的」。徐先生說：「中國文字很有講究，你看那個瘤字，留久成仇。你過去叫我不要生氣，以免上火，這個火字，我是印象深刻的」。

對經絡、穴道和針灸的一點淺見

我跟隨蔡秀章老先生學針灸時，認識的好友鍾濤霖先生，他們夫婦原在台灣中學任教，可能是為了下一代的教育問題，舉家移民美國。初到美國，人生地不熟僅在跳蚤市場賣點東西營生，鍾先生看到長期下去不是辦法，毅然全心去學中醫。他人遠在美國，我們常有書信來往，討論一些中醫心得。

鍾先生經過五年的苦讀，拿到學位後，開診所行醫，我為他感到高興，除了去信致賀外，並向他請教一個問題：「經絡和穴道到底是個什麼東西？」。他回信說：「經絡是人體一個無形的氣血通道，至於穴道，我從來沒有想過這個問題」。

我回信說：「經絡是人體上的電氣道。至於穴道，是像陀螺一樣的栓塞」。我敢說這話是有根據的，我跟隨師父學習針灸，用的是行針法，即是用兩根針接續行走，把病邪引到四肢末端。由於此針法必須得氣後才能開始運針，經常見到患者告知：「針感有如閃電一樣，直達手腳末端」。故我認為經絡是個電氣道。中醫不是有句話說：「氣行則血行」。氣行指的是經氣先行，如果經氣不行，痛則不通，通則不痛，痛的點即是在穴道上。那麼穴道又是個什麼東西？

三十多年前我就開始猛想這個問題，有次從北投光明路下山，邊走邊想，突然在耳邊聽到一句話：「穴道像陀螺一樣的栓塞」。我當時四下張望無人，想必是仙人指路，洩漏了天機，趕緊把這句話記錄下來。

有些人怕痛不敢針灸，因病必須下針時，都是咬牙閉氣，此刻針刺下去後，醫生的手感，有如針插棉絮，是飄的，叫空針，必須等會兒，俟氣到後，手感有吸針，再行運針。針灸講：「迎隨補瀉」。迎是迎氣，氣來則迎；隨是順隨，把氣順經絡引導下去；如果是氣虛，針左轉向下，叫補；如果氣實（邪），提針時，轉右針向上是瀉。師傅教我行「五五數」，即進針向下時，轉針五圈，這是補針，針往上提時，轉五圈，是瀉針，進針時要叫病人吸氣，出針時要叫病人吐氣，出針時同時迅速按住穴道，輕揉一下，免瀉真氣。因為凡是下針，都會瀉人真氣，所以不要隨便下針。

講到此地，各位應該會意過來，為什麼：「穴道是像陀螺一樣的栓塞」？因為陀螺旋轉時不倒，不轉就停止倒下了」。它為何像是一個栓塞？栓塞就是門閉，門閉拴緊則打不開，必須把門閉拉開，才能開門。穴道就是這麼一回事，他替氣血把關，轉動運行，進行迎隨補瀉的工作，有沒有一點道理。如果陀螺不轉，停止運行，氣凝血滯，就開始疼痛，所以疼痛並不是壞事，而是穴道在抗議罷工，叫你面對問題，好好地去處理一下。針刺是深刺激，尋經找穴，用針喚醒那個睡覺的陀螺尼，並幫助它叫它趕快起身工作。

有人說：「找穴道，只要離穴不離經，大概就行」。這樣按摩時用，大概還可以，因為按摩在表皮，揉動範圍大，未能正確對位，揉動還是會牽動到它。可是你要下針行刺，就必須有所講究，下針的深度，以及下針的方向。

能夠正確下針，病患會立即感到痠痲或悶脹，就拿肩頸痠痛時，下針風府風池和肩井三穴來說，針刺的深度，書上有記載（請參考「鍼灸經穴辭典」張繼豪編，文史哲出版社印行），下針風府和風池，是要對準口腔的方向，至於下針肩井至多一吋，是要向著脊椎中間方向斜刺，絕對不可直刺下針。因為直刺下針，萬一針尖向外偏斜，刺到肺尖，會令人喘咳窒息，而且會令人折壽的。另外要注意的是，子午時分不要下針，下針容易瀉人真氣。醫者如果不察亂來，將來到地府，閻王爺是會找你算帳的，不信，光想著賺錢，你就等著瞧吧！

初學針灸，必須在自身上針刺實驗。我學針灸期間，師父只讚美過我一次，那次是有病患膝蓋嚴重疼痛，師父從環跳委中，犢鼻往下行針，但在膝蓋下的大筋中間，多下一針，而且刺得很深。事後我問師父說：「膝蓋下大筋中的穴道是禁針，你剛才是怎樣下的，可不可以給我也下一針，讓我明白針刺的位置，方便以後可以幫病患下針」。師傅二話不說，一針下去，然後對著旁人說：「看到沒有，學醫就要像他那樣」。我膝蓋沒痛，就白白挨它一針，事後針感的疼痛，兩天才消，但是能夠得到師傅的一句讚賞，至今還是感覺爽歪歪的。

我初學針灸時沒事就按照師傅教我的穴道自行下針。有天早上，同事彭先生一到辦公室，就對著我說：「房哥，我左手臂抬不起來了，你幫我下針看看」。我回答說：「我沒有幫人家下過針」。小彭說：「沒關係，我第一個給你做實驗」。

小彭未當公務員之前，曾經幫人扛氧氣鋼瓶，手臂特粗，力量很大，為何今天突然左臂不舉，想必是夜晚貪涼，開窗當風而臥，到了清晨寒氣加重，一兩天沒事，久了就風寒入裏，哪邊臨窗，哪邊就惹病上身。我照師傅所教，下風府一針，風池肩井左右各兩針，下肩井時叫他頭向左右轉動，然後單側下左臂的肩顒曲澤手三里和合谷穴。合谷是用補針（合谷只補不瀉），其餘均用瀉針。最後在右腿的陽陵泉穴上補上一針，這叫做上下相應，左右相應。

針下完後，小彭當下能把左手高高舉起，並說：「房哥，你好神喔」！我自己也都驚喜不已。事後回想，小彭早上用單手是如何把摩托車騎來辦公室的，那才神呢！

肺癌的成因是大怒

肺癌有兩種，一是肺腺癌、二是肺癌，肺腺癌是感冒的病變，而肺癌的成因是大怒。

我在公家單位服務期間，有天中午，同事米大姊來找我說：「小房，下午我請假去醫院看個朋友，你幫我在請假單上蓋個代理章」。我說：「好」。隨後我問大姊說：「你那個朋友得的是什麼病？」大姊說：「是肺癌」。我說：「你那朋友一定是因為某件事被惹惱了，他因而大怒」。大姊說：「不可能，他過去是飛行員，非常開朗，一天到晚嘻嘻哈哈的，退休後還經常去跳舞，不可能的」。我說：「大姊，妳去問清楚後回來再和我辯！」。

第二天，大姊一到辦公室就對我說：「小房，你怎麼知道他是大怒？！」我說：「醫書上說得清清楚楚。大姊，到底是怎麼一回事啊？」，大姊說：「說來我也會生氣，前年他那獨兒子帶個女朋友回家，老頭子看了不喜歡，私下告訴兒子說：『跟她斷掉，另外再找一個』。兒子說：『好』。哪曉得兒子私下和媽媽商量好，在外面幫兒子辦了結婚手續，今年初生下了一個兒子，才抱回來給老頭子看，老頭子一見，怒氣衝天，可是又發不出來，憋出病來的」。我說：「孔老夫子講得真好，斯人也而有斯疾也。你就是那麼一個人呀，所以才會得那個病呀，反過來說，你得了那個病呀，就是那種人呀」。這個病人，我沒有出手，因為因緣不夠。醫病的關係要相互信任，關係不夠，既使我想幫忙，人家未必相信和領情。

現在談談另外一個病例，鄒先生在美國德州任廚師工作，得知父親患肺癌住院，所以請假返台照顧老爸。鄒先生十分孝順，他白天請人照顧父親，說是要去找朋友，卻整天獨自在道場打坐和叩首，傍晚求得供桌上一杯「上清水」，帶回去給父親喝，希望能減輕父親的痛苦，晚上則自己親自照顧父親。

師父從美國打長途電話來，對我說：「你看看人家鄒先生，多向人家學習學習」。此刻，我才去問鄒先生說：「你怎麼不去工作？」，他才告訴我事情的原委。我說：「你怎麼不早說，我現在開方子給你，叫藥房煎好藥給你老爸喝，如果醫好了，就說是醫院醫好的，不要提道場的事，知道嗎？」藥方如下：

人參一錢、玄參二兩、金銀花二兩、蒲公英五錢、桔梗三錢、天花粉三錢、黃芩二錢、生甘草三錢，六付煎服

此方補胃之中氣，而又散胃中之火，方中黃芩去肺火，金銀花、蒲公英、生甘草均能敗毒，用桔梗開提肺氣，上氣通而下氣行，所以能夠治病。

一年後，鄒先生再從美國回台，他見著我就當面表示道謝，並說：「爸爸現在已經沒事了，在家中頤養天年」，我真為他感到高興。

肩臂痠痛的治療

當年在公務機關服務期間，同事莊小姐曾經找我看診，她訴說：「只要是下雨天或變天的時候，肩胛骨就會痠痛，嚴重到夜晚難以入眠」。又說：「這可能是以前坐月子時，沒照顧好自己，抱小孩太久，抱到手酸而引起的！」我把完脈後，發現她是脾濕肝熱，遂開藥方如下：

生地五錢、當歸四錢、白芍一兩、山藥五錢、玉竹四錢、女貞子四錢、制首烏四錢、秦艽三錢、桑枝八錢、豨簽草四錢、海風藤三錢、黨蔘三錢、茯苓三錢、甘草一錢，四付煎服

此方以四物湯為底，生地涼血，當歸、何首烏、玉竹、女貞子補血；

秦艽、桑枝、豨簽草、海風藤可袪風濕、通經絡；山藥、黨蔘、茯苓可補氣、利水；甘草解毒，緩急止痛而已。

莊小姐人很率直，寫了一張字條給我，告知用藥後的情況，並說：「在那幾天有覺得比較好睡，但服藥兩帖後，開始覺得某些皮膚很癢，服完第三帖後，就明顯出現整片的疹子，還剩一帖就不敢再吃，一星期後，疹子就自行消散，其他沒有什麼不好的感覺」。她很清楚的告訴我服藥後的情況是很難得的，我非常謝謝她。因為我曾經碰到過當面跟我講服藥有效，但卻在背後罵我是蒙古大夫的人。我不會跟這種人計較，只有激勵自己，努力上進，而且告誡自己，以後少管閒事。

夜晚，我重新仔細檢視藥方，認為治病的方向沒錯，是以活血袪風為主。各單味藥，亦無帶一點小毒，為何引起疹子，原因不明。遂以電話向同道請教，得知是用藥量稍大，病患服藥後，身體新陳代謝出現正常的現象。寒濕病邪被逼出體外，那是暫時性的，反而是好的現象，應勸病患將剩餘的一帖藥煎煮後，一碗藥分兩次服下，才能斷除病根。

肩痛指肩關節、肩胛骨周圍的筋骨肌肉作痛；肩為手三陽經交會處，與肺鄰近，多為外感風寒（熱）濕所侵襲，初襲皮毛，繼則痺阻經絡，深則氣血不暢，留滯關節，造成疼痛。所以疼痛並不是一件壞事，而是身體虛弱亮起紅燈，警告自己有了毛病，要趕快就醫。否則久則麻痺，最後就廢掉了。疼痛的初期，是男左女右，如果是痛到男右女左，則表示病情已深了。

我曾患重病，全身僵直，不能起床，躺著也痛、坐著也痛，站著腳底板也痛，連彎腰綁個鞋帶都難，住了兩趟大醫院，前後徹底做了十八項檢查，結果全部正常。只有一個數據血液沉降速率是正常人的五倍；重要的是，體重一下掉了十三公斤，醫生告訴我說：「你是癌症的危險症候群」。我不為所動；最後醫生是開高劑量美國仙丹類固醇給我服用來緩解痛苦。我清楚知道，類固醇只是遮蓋劑，根本就沒有治病。為了減輕疼痛，並使自己能夠勉強行動，只好遵照醫師指示服藥。出院後，曾去找有名的中醫師看診，他們開出的藥方很輕，也未見效果；不得以去求神問卜，廟祝用手背或桃枝輕輕拍打身體，我就痛得受不了；更找筋骨按摩師按摩，結果也是活受陽罪的。

我自己學醫，慌了手腳，頭痛醫頭、腳痛醫腳，追著病跑，起碼用過三十個以上的藥方，在中藥配合下，逐漸減少服用類固醇的劑量，奮戰六年，終於擺脫了對類固醇的依賴。最後找出真正致病的原因，是直中陰寒（長期洗完熱水澡後就寢，整晚冷氣吹出來的），必須重用附子，把裏寒逼出體外（附子大毒，以往只敢輕用，直到讀了李可老中醫師的書後，始敢放膽下重藥），才完全戰勝病魔。就是因為病拖多年，藥吃不少，俗話說：「久病成良醫」。老子云：「福兮禍所倚，禍兮福所寄」。此次因禍得福，增加我對諸多疼痛病症的了解。

因受風熱，肩痛偏前，痛連手臂，宜祛風清熱，方用防風湯加減；肩痛偏後，常於背痛並見，除勞傷外，多為風寒濕侵襲所致，治宜祛風化濕，方用羌活勝濕湯加減；因強力負重，或跌仆損傷，痛有定處，屈伸不利，或牽連頸項者，可結合針灸或傷科推拿治療。手臂痛，用黃耆五物湯加味；

兩手臂痛，服祛風濕藥不愈，此為脾虛，用六君子湯加附子。以上提供給有緣人參考。

蟹足腫的內服與外用

十多年前，我寫了一本有關易經入門的書籍，書名為「易懂壹貳」，在寫這本書之前，是看到電視上談話節目都在扯八卦，心裡很不是滋味，遂花了五年的時間，完成這本小書，印了一千本，免費送給道親、同事、親友和同學，希望大家認識古聖先賢的心血結晶，絕不是那些說三道四的叫八卦。爾後有人從圖書館或朋友之處看到此書，打電話來，或是直接到我家裡來索取，我都是免費贈送的。

前年夏天，有位李先生打電話來索取此書，我問他：「你住哪裡？」，他說：「住古亭」。我說：「如果是外縣市，我會郵寄給你，你住古亭，坐捷運來很方便，自己來拿就好了！」李先生是有備而來，他先送我一個小小的指北針，再加上一本水寫的毛筆字帖，然後用開口問我要兩本書，我搬出紙箱，打開給他兩本，他再說：「能不能多給我幾本？」我問他說：「你要那麼多書做什麼？」，他說：「我在開班教易經和風水，這本書可以分送給剛剛開始學習易經的同學！」，我遂將此紙箱中剩餘的二十幾本書全數奉送給他了。

李先生準備要告辭時，突然又說：「我看『易懂壹貳』這本書的前言中，提到你學中醫，我有個痼疾，你能不能幫我看看？」，他掀高右手T恤，肩頭上露出個十元硬幣大小的腫塊，像是火燙傷後的疤痕，我一時還搞不清楚這是什麼病，我那學護理的老婆即刻說：「這是蟹足腫！」我坦白告訴李先生說：「我未見過這個病，不過我可以幫你翻查醫書，你把電話留給我，如果找到藥方，我會電話通知你的！」李先生留下電話說：「這個病已經好多年了，也開刀治療過，但是手術後又長出來，它不痛不癢，只是見著有點那個彆扭」。我最感興趣的就是人家醫不好的病來找我，如果我能幫忙他醫好，那是我最大的快樂。晚飯後，我即刻搬出所有有關皮膚病的中醫書籍，快速查閱，結果在「皮膚科金方」（河北科技出版）第五四一頁中找到此病的醫案，學名是「疤痕疙瘩」，書中有八個藥方，我仔細閱讀後找出一個比較實用的方子，然後打電話告訴李先生。李先生接到電話準備馬上開車過來，我說：「這麼晚了又不能抓藥，明天下午再來吧！」（上午我都在自家佛堂做清理工作，然後上香、供茶、叩首和做功課，所以沒空）。第二天下午，李先生到達後，我將書翻給他看，確認就是此病無誤，照抄原方如下：

生黃芪30克、丹參30克、益母草30克、黨參15克、地龍15克、炒山甲15克、當歸10克、赤芍10克、蟬蛻10克、羌活10克、蓁艽10克、天花粉50克

此方每日一劑，分兩次服用，需連續服二至四個月，另外用仙人掌切片或搗成泥狀外敷，加壓包紮三至五日換藥一次，如果病好了，我請他通知我一下。

李先生拿著藥單，並抄下書名，道謝離去。我一向幫人看診，採取修道的模式「事來則應，事去則靜」，有些朋友後來說：「你曾經幫我看過什麼病的！」我說：「我不記得了！」李先生至今沒有回話，所以我也沒再追問結果如何？

陽虛大汗淋漓

藍先生是專門銷售瓦斯爐和熱水器的代理商，由於信譽良好，大台北地區擁有許多的客戶。他為人熱情豪爽，曾經幫助我家修理故障的瓦斯爐都不予收費，我怎好意思平白麻煩別人，硬塞給他兩百元作為服務費，他才勉強收下。

他很健談，曾經碰到時，提供我一個單方，是在每年端午節前，鋸下桑樹的粗枝，使用半斤，清洗後劈開切斷，加上薏仁四兩煮水當茶喝，可以預防暈眩中風。他年年都在服用，由於此藥藥性較寒，不可多用。

去年秋天，我家的熱水器沒熱水了，打電話請他來幫忙修理。他帶著兒子前來，由兒子負責檢修，他在一旁觀看，我先恭喜他說：「藍老闆，你後繼有人了！」他高興點頭笑笑。修到一半，我端了兩杯熱茶請他們喝，看到他老哥在一旁並未動手，卻是滿頭大汗，我問他這種情況有多久了，他說：「差不多半年了，曾經兩次昏倒送醫，醫院沒有檢查出確實的毛病，由於多年打下的江山，擁有一大片的客户群，不能就這樣鬆手，所以才趕緊叫我兒子辭去貿易公司的工作，回來接手」。我告訴他說：「我學了一點中醫，你這情況是大汗亡陽，再這樣下去會要命的！」。他說：「我們都是男人，我告訴你一個情況，最近一個月來，我的性慾特強，每夜都要找我老婆做愛，老婆和我吵架，說我以往在外面一定養了一個小三」。接著又說：「房先生，你是知道的，我是客家人，一向為人正直，規規矩矩的做事，我除了老婆外，絕對不會非分去想其他的女人，我對客户負責，客户有問題，我都立刻趕去解決，才能建立良好信譽」。我告訴他說：「你工作太累，現在處於蠟燭兩頭燒的情況，就像燈火快要熄滅前，會特別的明亮，目前已經是陰陽兩虛，你下次再昏倒時可能連救都救不回來了！因為你身體沒有本錢了，我不會騙你的！」。他要求我立刻幫他把脈，脈把完後，我告訴他說：「你是肺腎兩虛，還好是胃氣未敗，目前胃口還算不錯，否則會提前倒下」，遂開藥方如下：

人參一兩、黃芪一兩、熟地一兩、白芍五錢、麥冬五錢、山茱萸四錢、防風二錢、五味子一錢，十付煎服

此方以人參黃芪大補其氣，肺氣足皮毛自固，熟地山茱萸生精，白芍柔肝，麥冬清心，防風驅風解熱，五味子調和五臟，上下之氣舒，故能止汗。

我家的熱水器已用了十年以上，這次是水盤壞掉，必須更換零件，他兒子明白告訴我說：「換全新的零件太貴，這個零件是別人搬家不要的熱水器拆解下來的，只收半價，湊合著繼續用，如果再壞，就應該換台新的熱水器了」。父子倆堅持不收工錢，我也只好說聲：「貪財了」。

兩週後，藍先生來到我家，告訴我說：「我服藥兩天後，流汗就減少了許多，而且現在一個星期才和老婆做愛一次」。我說：「你都六十多歲了，現在最好能夠禁慾百日，恢復得比較快些，以後要長期服用知柏地黃丸，保養身體」。

今年春天，藍先生見到我說：「現在完全沒有再冒汗了，我每天早晚都去散步，而且到公園拉單槓，賺再多錢沒有用，身體健康才重要」。我說：「你現在的氣色看起來不錯啊！」。

飯後悶脹不適

范先生是經朋友介紹前來看診的，據其自述：「每餐飯後即刻覺得胃部悶脹難忍，曾到大醫院徹底檢查，腸胃道都沒有問題，也曾找中醫師看過，服藥後情況也沒有得到改善」。

范先生略嫌清瘦，頗似古代俊秀書生，如今面帶愁容和憔悴，就活像落地之後的秀才了。我問他說：「這個情況有多久啦？平日生活和工作如何？食慾是否良好？排便通暢否？」他回答說：「已經兩年多了，生活一向正常，早睡早起，按時上班工作，飲食方面想吃但不敢多吃，稍微多吃一點東西，就脹得難過，至於排便還算可以，很少有便秘的情形。」

我聽到此處，心中已經有點譜，因為腹脹在中醫屬於中滿的範圍，主要是脾胃虛弱，依據五行的理論「脾惡濕」要靠腎火來養，腎火虛衰則呈虛脹；「胃惡熱」要靠腎水滋助，腎水虛衰，虛火就旺，腎與命門是一體的。此外，胃屬土，木要疏土，不能克土，心中鬱結，肝木克土，則為兩脇飽悶。又火能生土，若心包火衰，母不養子，則上脘之間微微悶脹，大致如此。經過把脈之後，脈症相符，遂開藥方如下：

人參二錢、茯苓三錢、白朮三錢、山藥三錢、炒棗仁五錢、遠志一錢、萊服子一錢、炒黑乾薑一錢、神麴五分、枳殼五分、良薑五分

六付煎服

此方以四君子湯為主，補足胃氣，用山藥滋陰，棗仁遠志安神，萊服子最能幫助人蔘白朮消脹，炒黑乾薑溫胃退熱，神麴消食和胃，枳殼消積去痰，良薑暖胃散寒，藥方治胃，無非是治心包火也，火能生土，母子一體，補火甚於補土，故不治胃脹，而胃脹自除。

除了開方之外，我叫他飯後最好能走個三五分鐘。我說：「很多人都不會走路，以為雙手背後邁開方步，悠閒散步即可；還有腳跟落地，步伐特別沉重，這些都是錯誤的走路姿勢。走路要兩眼平視，腳尖向前，用腳掌落地，身體微微前傾，腳趾用力，雙手要前後擺動，這樣走路的姿勢，對於胃部的蠕動才能產生效果」。我接著說：「我小學時矮矮胖胖，全班排頭第一個，站在隊伍的最前面，最怕上體育課，討厭跑步跳高和跳遠，直到長大要去當兵，明白不能逃避新兵訓練時落到最後會被修理，趕緊跑到鄰村的于伯伯家中去向他請教如何鍛鍊身體，于伯伯是三十年代上海全國馬拉松長跑冠軍，我問于伯伯要如何才能跑得長跑得快，他告訴我說：「雙手緊握拳頭，手軸夾緊腰部，跑步時前後擺動，身要前傾，腳掌落地，腳趾用力，經常練習即可。」在快要當兵之前，我每天提早起床，照著于伯伯教我跑步的姿勢，繞著村莊跑上一圈，足足練習了兩個月，在軍中受訓期間，能達到中段班之後，起碼不會是最後三名而慘遭修理，此後我一直用此方式走路，不但身體變好，而且精神抖擻，終身受益不盡。」

為了加強消減他腹脹的效果，最後教他用手按摩穴道，在腳大拇趾邊緣後方有個高骨，高骨的後下方低窪處叫「公孫穴」，沒事就用食指指尖用力向內推揉，可以改善腹脹的情況。

范先生聽完後，拿著藥方滿意的離去，一週之後，他打電話前來道謝說：「現在每餐飯後，已不再感覺悶脹了，非常謝謝」。其實我心中比他還要高興。

解開把脈之謎

許多人對於中醫把脈一事，都認為內有玄機，是深不可測的。其實中醫看病，是望聞問切，一眼望之就知道病情謂之神，聽聲明辨謂之聖，問出病情謂之工，最後才是把脈，確知病情謂之巧。

無論是望聞問切哪一種方式，其目的在找出病因、病位和病況，之後才能對症下藥。換而言之，只要摸清楚病情的來龍去脈，就可以開方，至於最後再把個脈，不過是給病人一份安心而已。

這不是說把脈就不重要，脈象是候五臟六腑之氣，把脈最大的特點是能查出到底是表病還是裏病。當大夫對病情有所疑惑時，必須從脈象裡去分辨，最後是以脈象為準。

我這麼說可能許多人不太明白。舉個例子來說：中醫的舌診，看到病患的舌苔一片雪白，就知道病患受寒；如果舌苔黃膩，寒已化熱；如果舌苔鮮紅，就是大熱。但是病患有時舌短苔滑，顏色鮮紅，卻是裏寒極深的，此刻如有疑惑，把脈即可確定表裡寒熱。如果不明白此理，以為舌紅是內熱，即刻下寒藥，就是誤下，不但病會加重，甚至危及生命，報載一針畢命，就是誤判，不可不知。

其實把脈很簡單，首先我們要了解脈象所在的位置，是在手腕內側後面一點，這個位置分為三小段叫「寸關尺」，從手的大拇指直下過手腕後有個高骨，把脈時醫者用三指的中指從高骨向內滑下去把，高骨距離手腕很短叫「一寸」，高骨距離手肘較長稱為「一尺」，尺寸之中點稱為「關」，寸關尺就是這麼來的。

脈象左右兩手所管的臟腑不同，左手「寸」的位置為心，「關」為肝，「尺」為腎；右手的「寸」為肺，「關」為脾胃，「尺」為命門（其實真正的命門在兩腎之間，中醫的理論是火從水中發，補火要先補水，不可不知）。

由於臟腑之間有所聯繫，心、肝、脾、肺、腎五臟為裏，大腸、小腸、膽、胃、膀胱三焦六府屬表，脾胃一家，肝膽一家，命門與膀胱和三焦為一家，小腸的脈象在腎中找，大腸的脈象在命門中找，故有句話說：「心與小腸相表裏，肺與大腸相表裏」。

搞清楚了「寸關尺」三部，告訴各位一個簡單的歌訣，保你一輩子也不會忘記：「左手是我的心肝小腸，右手是肺胃大腸」。就這麼簡單，好不好記？兩句話而已！

現在簡單的介紹六脈基本的脈象如何分辨：

左手心脈在表，食指輕輕地按下，感覺有如火車的傳動軸，規律而有力，如果是快速而力大，是心火過旺，主口舌破；如果似弦又緊，風寒感冒了。心脈還有個特點，如果力度偏向外衝，是曾經受到驚嚇，你已經忘記了那回事，但是脈象幫你永遠保留了記憶；如果力度是向內偏，肯定心中有急事，放心不下，你別問他有什麼事，只告訴他心急如焚，他必然點頭稱是。

肝脈在中，用中指稍加指力，感覺有如琴弦，力度要恰到好處，如果琴弦緊繃，則肝有火，此人煩躁不安，容易發火的；如果琴弦鬆軟力弱，是肝氣不足，許多事情他都懶得去管；琴弦左右滑動，必然有痰。

腎脈在裏較沉，無名指要重按，沉靜而細有如探針，重按之下仍然很難找到脈象，此人腎水虛衰，腰脇疼痛；若未加重按即可見到脈象鼓動，是陰虛火旺，心煩氣躁，可別以為自己性慾特強，那是病態，不加節制，大病來時有藥都難醫，不可不知。如果婦女此脈圓滾如珠，則是已懷有身孕。

右手肺脈食指輕按有如湧浪，和緩而有力；如果是擂鼓大動，此人必定滿腹怒氣，或多咳嗽；如果沉弱無力，是肺氣不足，你想和他吵架，他都懶得理你，此刻應加注意是否生癰（肺癌）。

脾脈用中指稍加指力按下，有如流水般和緩悠揚，如果脈象滑利，你告訴他說你胃口不錯，他必定說是，但請注意，此時胃火盛，是胃潰瘍和十二指腸潰瘍前兆，須小心注意；如果脈細弱無力，必定食慾不振，不思飲食。

命門在裏以無名指要重按，有如小水泉湧，如果重按都很難找到脈象，此是命門火衰，下部多寒；如不沉反盛，則是陰虛盜汗。女子此脈旺盛，合腎脈同看則有孕事。

以上六脈之象，是我初學脈象時師父所教的，非常實用。雖然說江湖一點訣，講破不值錢，但指下三分鐘，沒有十年功，細加琢磨體會，仍然很難深入其奧的，各位有興趣，從這裡入門，再去看「四診心法」，就不會畏難而卻步了。

為了證明脈象之可貴，現再舉一實例：

我有一位大哥，前在某大醫院心臟科任主任之職，他得了一個怪病，腹痛時在地上打滾，醫院做了徹底檢查，也沒能找出個原因。適逢雙十國慶，師父由香港返台，在台北火車站前的功德林素菜館義診，我帶他前去看病，他提醒我說：「別告訴你師父說我是心臟科主任」，我說：「不會」，其實我心裡在笑，師父他老人家道行高深，不要說是他心通，就是前幾世的事，他都早已看得一清二楚。輪到他看病時，師父把完脈後，只說了一句話：「你腎虧」，隨即開出藥單。

兩週後，我到他家中去玩，他對我抱怨說：「我一向都規規矩矩，絕不亂來，我老婆雖然漂亮，但我也是很有節制，你師父說我腎虧，我就不服這口氣」。大嫂站在一旁說：「人家把你的病都醫好了，你還有什麼好說的」。我笑著對大哥說：「你還記得兩個月前，中午下班經過民眾病房，有人從高樓跳下自殺，摔到汽車引擎蓋上，碰的一聲，然後正好滾到你腳跟前的事嗎？等你回神過來，再去看他，已經氣絕身亡了，你站在原地等檢警前來處理後才離開」。他說：「記得」。我說：「你當時驚嚇過度，一般人的表情是嚇得目瞪口呆，中醫書上有句話說驚嚇過度是『腎水凌心』，你的腎虧，不是縱慾，而是驚嚇過度所致！你們西醫不明白喜怒憂思悲恐驚七情致病的關係，所以才會有此誤會」，他聽完後不再多言。

後記

我讀中學的時候，在高雄縣岡山鎮大戲院地斜對面有間中藥鋪，駐診醫師是魏受田先生，據說他是高雄糖廠的特約醫師，由於醫術高超，遠近馳名。我找魏醫師看診，他聽說我家環境清苦，不但不收診金，還交代藥鋪酌予減收藥錢的。

有次看完病後，我大膽地跟他說：「魏伯伯，我想跟您學中醫？」他頭都沒抬，就說：「你學不會的！」五年後，我回岡山見著他說：「魏伯伯，我現在在台北補習班補習，準備參加中醫師檢定考試。」他回答說：「你考取也不會幫人看病！」再過兩年，我回岡山到他的住處，向他請教一個中醫基本的問題，一般人是可以用兩句話來敷衍你的，他卻是足足跟我講了兩個小時，最後他說：「你看我身後的書櫃，排滿了中醫書籍，有五個牆壁近萬本的書籍，你一輩子都看不完的！」他隨即打開桌下的抽屜，告訴我說：「這裡有十幾本中醫基本的書籍，必須要熟讀，而且時刻要拿出來複習，至於後面的書籍，要分門別類的排列，有空也要翻閱，基本的醫書要看透，其他的醫書看的愈多，閱歷就愈豐富，遇到疑難雜症，才能解決問題！」

我當年程度不夠，聽他講的很多東西，似懂非懂，但聽得是津津有味，非常佩服他有滿肚子的學問。如今再回想魏伯伯前後所講的話，是大有道理的。

第一次他說：「你學不會的！」這是句真話。因為學習中醫絕不是一時興起，鬧著好玩的。別人找你看診，不論收費與否？都是向你乞求，是完全的相信，連命都付託給你的，豈可兒戲！

第二次他說：「你考取也不會幫人看病！」。這是一句肺腑之言。無論你是中醫學院剛畢業的學生，或是自己苦讀通過考試及格的高材生，學校教的也好，考試的那些書本也好，都是基礎的知識，先不談疾病是千奇百怪，就是一般人得病，也都是雜病叢生，沒有一個病症可以對號入座，你必須深究病因，抓住機轉，大膽出手，這不是三兩天的功夫可以成就的，初學的那點東西，連皮毛都沒有沾到啊！

第三次他說：「中醫基本的書籍，必須要熟讀，而且時刻要拿出來複習，有關的書籍，有空也要翻閱……」等語。意思是說：「中醫是一種理念，是一種認知，是一種思維和一種肯定」。它與中華文化緊密相連，你如果對中華文化毫無所知，就無法進入中醫的門檻，如果你對中華文化完全排斥，你根本就不配評論中醫！中華文化博大精深，一貫相承，有脈絡可循，而中醫正是中華文化精髓的具體表現，根枝葉茂，條理分明，所以古時讀書人說：「不為良相，便為良醫」。這句話是從這裡來的。

最後再舉一例，告訴各位什麼是中醫的風格。有次一位朋友帶了一位大帥哥來找我看診，我問他是那裡不舒服，他羞於啓齒沒有回答，朋友告訴我說是「陽痿」，問我會不會醫治？我當然知道有藥可醫，但是我回答他說：「我不會」。為什麼要這樣回答？因為眼前的這位大帥哥，是女人看到都會喜歡，如果他是偕夫人前來，為了求子，我會幫他開藥。但是他卻是未婚，顯然是玩得太兇了，目前不舉，心有餘而力不足，是身體正常的反應，不像賭博是個無底洞，現正需要停息休養，如果我現在開藥，可以立振雄風，接下來的是射血，而不是射精！我不開藥，是希望少幾個無知的少女再被他糟蹋，也是為了避免這位大帥哥提早斷喪天年，所以回答說：「我不會」。

這就是做人，這就是中醫：「有所為，有所不為」。你們同意嗎？笑不出來了吧！全文完。

無為淡淡清口生道味而貧賤不能移也
無為懼懼中心有所主而威武不能屈也
無為欣欣外物不能惑而富貴不能淫也
一無所求埋頭苦幹事來則應事去則靜
尊以方外恭敬以直內也

自勉箴言